写真集

誠への軌跡

廣池千九郎の足跡を訪ねて

財団法人
モラロジー研究所

まえがき

本書は、財団法人モラロジー研究所発行の心の生涯学習誌『れいろう』（月刊）に連載した「誠への軌跡――廣池千九郎の足跡を訪ねて」を一冊にまとめたものです。

写真と記事で構成された「誠への軌跡」は、『伝記廣池千九郎』（モラロジー研究所）が発刊される一年前の平成十二年一月号から連載が始まり、平成十九年三月号で終了するまで、足掛け八年、八十七回という長期にわたる連載となりました。

本書をまとめるに当たり、あらためて全編にわたって見直し、正確を期すとともに、解説内容も一部加筆しました。

人類の生存・発達・安心及び幸福の実現をめざし、「モラロジー（道徳科学）」を創建した廣池千九郎は、明治維新直前の慶応二年（一八六六年）、現在の大分県中津市に生まれました。わずか十四歳で母校・永添小学校の補助教員になった千九郎は、教育者として生きることを志しました。大分師範学校の受験を二度失敗しますが、これに挫《くじ》けることなく、さらに努力を重ねて卒業資格が得られる学力認定試験（応請試業）に合格し、教師となりました。そして、東洋のペスタロッチにならんと、みずから修身（道徳）の教科書を編纂し、夜間学校を設立するなど、地域の児童教育に情熱を傾けました。

その後、千九郎は歴史学者を志し、京都に出て数々の論文・書物を著しました。やがて国家的事業である『古事類苑』（日本最大の百科史料事典）の編修員に推挙されて上京。東京では、『古事類苑』の編纂に従事しながら、学者としての能力を高めていきました。さらに専門学を法制史研究に転じ、早稲田大学講師、神宮皇学館教授を歴任するとともに、新しい学問分野である「東洋法制史」を独学で開拓しました。

大正元年（一九一二年）、千九郎はこの「東洋法制史」研究によって、念願の法学博士の学位を取得します。しかし、激しい研究生活のために大病を患い、死の淵に立たされました。その中で、千九郎は精神的大転換を成し遂げ、自分のすべてを人類の平和と幸福の実現に捧げることを神に誓い、モラロジーの創建をめざしました。

こうして、大正十五年（一九二六年）に『道徳科学の論文』を著し、昭和十年（一九三五年）には千葉県柏市光ヶ丘に「道徳科学専攻塾」を開設、今日の学校法人廣池学園（麗澤大学、麗澤中学・高等学校、麗澤瑞浪中学・高等学校〈岐阜県瑞浪市〉、麗澤幼稚園）および財団法人モラロジー研究所の基礎を築きました。

「我身自らたいまつと為りて世界を照すなり」

みずから残したこの言葉のとおり、千九郎は身を終えるまで人類救済の努力を続け、昭和十三年（一九三八年）六月四日、七十二年の生涯を閉じました。

『れいろう』誌では、以前にも「温故知新 ―― 廣池博士の足跡をたずねて」（昭和四十八～五十二年）というシリーズで、廣池千九郎ゆかりの地を写真と記事で紹介しています。これは、昭和五十二年に写真集『温故知新』として刊行し、事跡を学ぶ貴重な資料として好評を博しました。

本書は、写真集としては『温故知新』以来三十年ぶりの刊行となります。撮影地については、千九郎の生きた時代からすでに長い歳月が経過しており、場所によっては当時の面影をまったく残していない所もありました。しかし、その場所に実際に佇《たたず》むと、不思議と千九郎の息づかいのようなものが感じられました。そして、千九郎が書き残した『日記』

などを繙《ひもと》くと、記されている言葉がさらに深みを増して迫ってきました。

本書の写真から、読者の皆様に、この感覚を感じ取っていただくことは難しいかもしれません。機会がありましたら、ぜひ本書で紹介した事跡を訪ねて、千九郎の息づかいを感じていただきたいと思います。また、千葉県柏市にあるモラロジー研究所の「廣池千九郎記念館」には、遺品の数々が常設されていますので、こちらを見学されることもお勧めいたします。

廣池千九郎は、最晩年の昭和十三年五月十四日に、「モラロジーの実質たる伝統の原理なるものは、第一はモラロジーの創立者たる予の積年の実行そのものである」（改訂『廣池千九郎語録』）と書き記しています。このことは、私たちモラロジーを学ぶ者にとって、千九郎の艱難辛苦《かんなんしんく》の足跡を知ることが必須であることを示しています。そして、その人間性を身近に感じることは、私たちがモラロジーを学び、最高道徳を実行するうえで大きな原動力となることでしょう。

本書が、『伝記廣池千九郎』等とともに、廣池千九郎の事跡学習とモラロジー学習の一助となることを願ってやみません。

最後になりましたが、廣池千九郎記念館副館長の井出元《はじめ》氏（麗澤大学教授・モラロジー研究所廣池千九郎研究室室長）には、『れいろう』連載中から本書の刊行に至るまで、貴重なご助言とご指導をいただきました。厚く御礼申し上げます。

財団法人モラロジー研究所出版部

誠への軌跡——廣池千九郎の足跡を訪ねて　目次

四、学位の取得と求道者としての歩み

五、新科学モラロジーと生涯学習活動

写真・文　武澤保美（モラロジー研究所）
本文レイアウト　エヌ・ワイ・ピー
装丁　レフ・デザイン工房

○凡　例

一、以下の書名については、下記のように省略して示しました。
『論文』＝新版『道徳科学の論文』、廣池千九郎著
『日記』＝『廣池千九郎日記』、廣池千九郎著
『伝記』＝『伝記廣池千九郎』、モラロジー研究所編

一、出典表記における丸数字は、その著書の冊数を表しています。
（例）『論文』①＝新版『道徳科学の論文』一冊目

一、引用に際しては、原則として旧漢字は常用漢字に、旧仮名は現代仮名に改めました。

○取材協力

上村精一氏（中津モラロジー事務所登録維持員）／釋浩照氏（雲照寺）／武石良一氏（寒の地獄旅館／大分やまなみモラロジー事務所登録維持員）／武内節史氏（今市報徳二宮神社）／戸高史公氏（㈱便利堂常務取締役）／福原正勝氏（中津モラロジー事務所登録維持員）／松田道明氏（大阪西淀川モラロジー事務所登録維持員）／霧積温泉「金湯館」／小山町都市整備課／神宮司庁／田沢温泉「たまりや」／頂妙寺妙雲院／来迎寺／早稲田大学

一、中津時代

誠への軌跡
——廣池千九郎の足跡を訪ねて❶

生誕の地、中津

モラロジー（道徳科学）を創建した法学博士・廣池千九郎《ひろいけちくろう》は、慶応二年（一八六六年）三月二十九日、豊前国下毛郡《ぶぜんのくにしもげ》鶴居《つるい》村永添《ながぞい》（現在の大分県中津市）の農家に生まれました。

中津市は、県の北部に位置し、北は周防灘《すおうなだ》に、西は山国川を隔てて福岡県と接しています。また、南部の山間部には、景勝の地として有名な耶馬溪《やばけい》があります。この地域は、古くから中津平野を中心に発展してきました。

千九郎の生まれた年は、明治の新政府が誕生する二年前。まさに日本中が維新に向かって大きく揺れ動いているときでした。

中津藩は九代（百五十四年間）続いた譜代大名の奥平家（十万石）が統治していました。しかし、幕府に従いながらも、一方では朝廷に恭順《きょうじゅん》の態度を示すなど、政治的に動揺していました。藩内には尊王攘夷論者も多く、徳川藩制の改革を期待する声も大きくなっていたのです。

中津の周辺では、倒幕をめざす薩摩や長州などの動きが活発で、騒然とした世の中の影響は、武士階級に限らず、町民や百姓にまで及んでいました。

また、奥平家歴代の藩主は、学問にとても熱心でした。そのため、中津藩は優れた人材を数多く輩出してきました。江戸時代には蘭学の創始者・前野良沢《りょうたく》をはじめ、国学者の渡辺重名《しげな》、儒学者の白石照山《しょうざん》などがいました。さらに明治になると、啓蒙思想家で慶應義塾《けいおうぎじゅく》を創立した福沢諭吉、近代歯科の先駆者で歯科医師免許第一号の小幡英之助などが出ています。

千九郎は、最初の学術的著作となる『中津歴史』の中で、中津地方の人々の気質を「活発にして商機に敏《さと》きも稍軽忽《ややけいこつ》にして忍耐力に乏しく、その他凡《すべ》て山中部は民質朴《たみしつぼく》温厚なれども海岸部はこれに反す、しかれども本国の人民はまた信愛義勇の情に富むもの多く、常にこれをもって他国人に敬愛せらる」と記しています。

これらの風土と時代、多くの人々の影響を強く受けながら、千九郎は幼少年期、青年期をこの中津で過ごしました。

奥平家の居城だった中津城（昭和三十九年に改築）

千九郎の生家

千九郎の生まれ育った家が、大分県中津市に今も残っています。生家がある永添地区は、市街地から南東へ五キロほど離れたところにある田園地帯です。

廣池家は、農業を生業とする旧家で、田、畑、山をともに三町あまり有していましたが、当時の暮らしは決して豊かではありませんでした。

建坪が約三十坪（九十九平方メートル）ほどの生家は、雑木林を背にした日当たりのよい場所に建っています。茅葺《かやぶ》き屋根は、保存のために銅板で覆われ、現在は、モラロジー研究所の中津記念館として一般に公開されています。

入り口からは土間続きになっていて、奥の炊事場だったところに残る土かまどが、往時の生活を偲《しの》ばせます。

右手には居間が広がり、八畳間と六畳間がそれぞれ二部屋あります。中の襖《ふすま》は全部取り外されていて、正面に置かれたひときわ大きな仏壇が、見学する人の目を惹《ひ》きます。

これは、浄土真宗の門徒だった千九郎の父親の半六《はんろく》（一八四一～一九一九）が、人一倍信仰心が篤《あつ》かったことを物語っています。半六は「同行《どうぎょう》」と呼ばれ、農閑期になると近隣の村々を回って、熱心に仏の教えを説いて歩きました。また、半六は、地元の寺や神社に奉仕することを常としていたといいます。

千九郎は、この衆生済度《しゅじょうさいど》に努める信心深い父親の後ろ姿を見て育ちました。

また、母親のりえ（一八四一～一九〇五）の実家は、親孝行と家業精励のため、中津藩主から何度も表彰された家柄でした。

りえは、常々千九郎に、「お前は何卒《なにとぞ》孝行してくれよ。親に孝行なものは必ず出世する。家業だけ励む人には親不孝な人もあり、他人に親切な人にはなまけものもあるが、孝行者には悪いものはない。孝《こう》は百行《ひゃっこう》の本《もと》なり。お前はどうぞ孝行してくれ」（『回顧録』、モラロジー研究所）と言っていました。

この「孝は百行の本なり」の教えも、千九郎の幼心《おさなごころ》に深く刻まれたのでした。

父の廣池半六と母のりえ（右上）。廣池千九郎生家。毎年三月に、「廣池千九郎生誕記念の集い」が開催されている

千九一の通学路

慶応四年（一八六八年）九月、日本は元号を明治と改め、近代国家への道を歩み始めました。明治五年（一八七二年）八月に、学校教育に関する最初の法令である「学制」が公布されて、国民のすべてが初等教育において就学することが定められました。

このように、小学校の整備が全国で進められていきますが、近代的な学校教育制度が軌道に乗るまでには、さらに長い年月を必要としました。

千九郎は、幼名を千九一《ちくいち》といいました。千九一が、村の永添小学校に入学したのは、明治八年（一八七五年）二月、満九歳のときです。

永添小学校は、千九一の家から一・五キロほど離れたところにある法華寺というお寺でした。古野静枝《せいし》という男の先生が教えていた寺子屋が、そのまま小学校として引き継がれたのです。

当時、永添小学校には七十人ほどの児童が在籍していました。しかし、子どもは家業や家事の手伝いが第一と考えられていた時代ですから、出席率はとても低いものでした。

授業の内容も、まだ教科書が整備されていなかったため、習字の時間が主で、時々上級生に対して四書（論語、孟子、大学、中庸）の素読《そどく》が行われるという程度のものでした。

千九一が入学した年に、初めて教科書が永添村に届きました。当時は書店がなく、村長宅で教科書を販売しました。

早速、小学校の古野先生は、教科書を買い求めさせようとしましたが、購入するような父母は少なく、児童さえ興味を示しません。結局、購入したのは千九一とわずか数名の生徒だけでした。

千九一の両親は、子どもの教育に対して深い理解を示し、書籍や学用品などは、進んで買い与えました。その両親の愛情に報いるべく、千九一は勉学に勤《いそ》しんだのです。

千九一の家から永添小学校への通学路の一部が今も残っています。千九一は、母親の作ったお弁当を持ち、毎日元気にこの道を通ったことでしょう。

千九一が通った永添小学校（法華寺）への道。正面の鳥居は松尾神社の入口

松尾神社

　千九郎は生涯にわたって膨大《ぼうだい》な量の原稿と日記類を書き残しています。その中に「初忘録《しょぼうろく》」（『日記』①）があります。これは、千九郎が二十歳のとき（明治十九年ころ）に、自分の生い立ちや、それまでに身の回りに起きたさまざまな出来事を、自叙伝風に書き綴《つづ》った回想録です。

　この「初忘録」の中に、次のようなエピソードが書き残されています。

　千九一の入学した永添小学校では、子どもたちは成績によって上等、中等、下等という三段階に分けられていました。そして、成績が優秀な上等の生徒は「兄弟子《あにでし》」と呼ばれ、他の生徒の面倒を見ることになっていました。

　新入生の千九一は当初、下等の中の末席にいましたが、初めて行われた試験で五十二人を一気に抜き去り、上等の七番目になってしまいます。両親が真っ先に買い与えてくれた教科書で熱心に勉強したからでしょう。

　しかし、このことが原因で、千九一は周りの子どもたちから嫉《ねた》まれるようになります。「これより昼夜ひそかに泣《なみだ》の乾《かわ》く隙《ひま》ぞなし」（「初忘録」、『日記』①）というほど、千九一に対する嫌がらせが幾度となく繰り返されました。

　ある日のことです。千九一は下校の途中、通学路にある松尾《まつお》神社の境内で待ち伏せていた上級生や同級生など数人に囲まれてしまいます。そして、兄弟子ならどんな問題にも答えることができるだろうと、言いがかりをつけられました。

　相手は、最初から千九一を暴力で痛めつけようという魂胆《こんたん》です。多勢に無勢、けんかしても勝ち目はありません。千九一は機転をきかして危うく難を逃れますが、負けん気の強い千九一の悔しさは尋常《じんじょう》ではなかったのでしょう。「ひとたびは胸も破るる心地なり」（同掲書）と書き残しています。

　当時の面影を残している松尾神社の石段を登り、鬱蒼《うっそう》とした木々に囲まれた静かな境内を歩いていると、今にも千九一や子どもたちの声が聞こえてくるようです。

千九一が嫌がらせを受けた松尾神社の境内（大分県中津市）

誠への軌跡
——廣池千九郎の足跡を訪ねて⑤

中津市校

　明治十二年（一八七九年）三月、千九一は、永添小学校を卒業しました。向学の志に燃える千九一は、四月、さらに町中にある中津市校《なかつしこう》に編入します。

　中津市校は、中津藩最後の藩主・奥平昌邁《まさゆき》が明治四年に設立した洋学校です。主となって学校設立の計画を立てて進めたのは、福沢諭吉や小畑篤次郎《おばたとくじろう》などの旧藩士でした。最盛期には生徒数六百人を擁《よう》し、東の慶應義塾に対して西日本第一の洋学校といわれました。

　昌邁は学校設立の趣意を「旧藩の士族はもちろん、農民町人も私の微意《びい》をくんで勉強していただき……」（『伝記』）と述べています。また、諭吉も開校を祝して起草した『学問のすゝめ』に「天は人の上に人を造らず、人の下に人を造らず」と書いています。女子部も設けられた中津市校は、門閥《もんばつ》や身分に縛られない、名実ともに近代的な学校でした。

　この学校の教育課程は本科と別科に分かれていて、本科では英書を、別科では翻訳本を使用しました。千九一が入学したのは別科でした。

　ここで千九一は、読み方、作文、習字、算術、物理、地理、生理などを学びました。読み方には『国史略』『十八史略』『元明史略』が使われています。

　当時の村人たちには、学問に対する理解がまだ希薄でした。千九一が進学したことについても、「農民に学問など必要ない。すべての日本人が学者になったら、だれが米を作り、蚕《かいこ》を飼うのだ」と批判する人もいました。

　それを聞いた千九一の父親の半六は、「心配することはない。どんなにたくさん学資を出しても、みんなが学者になれるものではない」と笑って答えたといいます。

　そんな父親の明るい言葉に、どれほど励まされたことでしょう。千九一は家から一里半（約六キロ）も離れた中津市校に、寒暑風雨にかかわらず通い続け、翌明治十三年六月には優等の成績で卒業しました。在学中には、学業成績が優秀とのことで、福沢諭吉、小畑篤次郎の両氏から表彰されています。

中津城（大分県中津市）大手門跡の石垣。このあたりに千九一が通った中津市校があった

宇佐神宮

明治十二年（一八七九年）、中津市校に入学した千九一は、その近代的な学風に知的好奇心がゆさぶられ、ますます学問の世界にのめり込んでいきました。

入学してから、わずか四十五日後に行われた試験で、千九一は上のクラスに合格します。「試験殊《こと》に難《かた》く、即ち三及には生徒数三十五名あれど及第は五名なり。千九一はその一に居れり。その勉強知るべし」（『初忘録』、『日記』①）という猛勉強ぶりでした。

在学期間はわずか一年余りでしたが、がむしゃらな勉強は十四歳の肉体を痛めつけました。翌年六月の卒業を控えたころから、千九一は体調を崩《くず》すことが多くなります。

「頭重く時に眩暈《めまい》、後頭の痛み等あるが、卒業後いよいよ重く、父母の心痛一方《ひとかた》ならず」（同掲書）

父親の半六と母親のりえはたいへん心配し、医者だ、薬だ、湯治《とうじ》だと奔走《ほんそう》します。しかし、千九一の症状はなかなか良くなりません。体にさわるからと、大好きな読書さえも禁じられ、千九一は無念の涙を流します。

ある日、宇佐にとてもよく効《き》くお灸《きゅう》をすえる治療師がいるということを聞きつけた半六に連れられ、千九一は十五キロほど離れた宇佐へと出かけます。

千九一を診《み》た治療師は、重症だが短期間にて癒すことができると即断を下しました。

「父母の喜び一方ならず」と、「初忘録」には書かれていますが、その診断を聞いた両親は、どれほど喜び安心したことか計り知れません。

宇佐には全国の八幡宮の総本宮、勅祭《ちょくさい》の大社である宇佐神宮があります。宇佐神宮は、古くから伊勢の神宮につぐ「宗廟」「我が朝の太祖」と称《たた》えられてきた由緒ある神域です。

廣池家の先祖は、この宇佐神宮の神官の家から出ています。宇佐を訪れた千九一が、半六と共に、関わりの深い宇佐神宮を参拝したことは、容易に想像できます。きっと体調の快復を切に祈ったことでしょう。

この後、二十日ほど過ぎたころには、千九一の症状は徐々に快方へと向かうのでした。

大分県宇佐市にある宇佐神宮

紫金光

永添小学校

明治十三年（一八八〇年）六月、千九一は中津市校を卒業します。卒業前から体調を崩し、頭痛と眩暈で苦しんでいましたが、父親に連れられて行った宇佐の灸治療が効を奏したのか、快方に向かいつつありました。

しかし、読書をすることさえ、父母から堅く禁じられていたため、卒業はしたものの、家で軽い農作業を手伝いながら療養生活を送っていました。

七月の末より、以前から千九一の学力と才能を認めていた村長が、幾度も訪ねてきました。そして、千九一の母校・永添小学校の助教（補助教員）になるよう熱心に勧めます。

この話を聞いた父親の半六は、教員としての張りのある生活を送るほうが、千九一の心身にとって良い薬になるのではないかと考えます。半六は熟慮《じゅくりょ》の末、千九一を小学校に勤務させることを決意しました。

こうして千九一は、十四歳の若さで母校の教壇に立つことになりました。そして、これを機に名を千九郎と改めました。

助教となった千九郎は、水を得た魚のように、いきいきと後輩たちを教えていきます。

千九郎は、県の連合試験があると、生徒たちを中津の町まで引率していきました。学校間における会議にも出席し、積極的な発言もしました。

千九郎は、助教という立場でありながら、首席教員の代理を務めるほどの仕事をこなします。若輩《じゃくはい》で学歴も資格もない千九郎でしたが、その能力は遺憾《いかん》なく発揮され、いつしか学校の中心的存在となっていました。

また、千九郎は、毎朝早く起きて馬草を刈ってから学校に出かけていました。そして、家に帰るとすぐに田畑に出て、父母の農作業を助けました。

その間も千九郎は、書物を肌身離さず持ち歩き、少しでも時間があると勉強を続けました。

千九郎は、教育熱心で親孝行な働き者として、村中でも評判だったといいます。

この教員という仕事が千九郎の心身を蘇《よみがえ》らせます。心配していた病気は、いつしか全治していました。

永添小学校のあった法華寺（現在は法蓮寺。大分県中津市）

大分への道

明治十三年（一八八〇年）、千九郎は、わずか十四歳という若さで、母校である永添小学校の助教になりました。

向学心に燃える千九郎は、昼は学校で教鞭《きょうべん》を執《と》り、帰宅すると家業を手伝い、夜は私塾に通って勉強に打ち込みました。

しかし、いくら熱心に勉強し、子どもたちの教育に情熱を傾けても、正式な教員資格を持たない千九郎は、いつまでも助教のままでした。給料も低く将来も不安です。

一方、師範学校出の教員たちは、教育者としての道をどんどんと進んでいきます。

歯噛《はが》みするような思いを重ねた千九郎は、明治十五年、助教になって二年を過ぎたころから、大分師範学校への入学を切望するようになります。

同年の冬、千九郎は、進学の思いを両親に打ち明けました。両親とも特に反対はしませんでしたが、月々入る千九郎の給料をあてにしていることや、家業の手助けが必要なことを残念そうに話すのでした。

九人家族という大所帯の生活が楽でないことは、長男である千九郎も十分に承知していましたから、親の気持ちを察し、受験を思いとどまりました。

翌明治十六年の春、耳の病が悪化します。千九郎は独《ひと》りで悩み苦しんでいましたが、それ以上に心を痛めているのが両親であることに気づきます。

受験の相談をしたときに、両親が憂《うれ》いていたのは、給料や手伝いではなく、本当は千九郎の身体《からだ》のことだったのです。

その後千九郎は、両親とよく話し合い、師範学校受験の許可を得るのでした。そして七月に、三年間勤めた永添小学校を辞職しました。

八月のある朝早く、家族に見送られて、千九郎は大分に向けて旅立ちます。九月に行われる大分師範学校の入学試験の準備のためです。

中津から大分までは約八〇キロ。初めて一人旅をする十七歳の千九郎の胸は、希望と不安、そして両親への感謝の思いでいっぱいだったことでしょう。

千九郎が歩いた大分への旧街道（大分県杵築市山香町立石付近）

羽門の滝

明治十六年（一八八三年）八月、千九郎は、大分師範学校の入学試験の準備のため、一人中津を発《た》って大分へと向かいました。日笠《ひがさ》をかぶり、ワラジを履《は》いた千九郎は、真夏の豊前《ぶぜん》街道をひたすら歩き続けました。

小倉を起点とする豊前街道は、中津、宇佐、別府をへて、大分へと続きます。中津から大分までは約八〇キロの道程です。十七歳の青年といえども、途中で一泊しての旅だったかも知れません。

宇佐と別府の間には、この街道の最大の難所と言われる「鹿《か》鳴越《なごえ》」があります。この峠に向かう山道を登っていくと、途中に滝があります。木々の深い緑に白い絹の布をかけたようなこの名瀑《めいばく》は「羽門《うど》の滝」。落差はおよそ十二メートル。

江戸時代を代表する大分の儒学者・帆足万里《ほあしばんり》は、この滝の前に佇《たたず》んだときの感懐《かんかい》を漢詩に残しています。

「羽門之滝」　帆足万里作
聞道銀鱗點額還
一条清雪委澄彎
幽人観罷無他事
独聴渓声出晩山

聞くならく
銀鱗點額《ぎんりんてんがく》して還《かえ》ると
一条の清雪澄彎《せいせつちょうわん》に委《つ》む
幽人《ゆうじん》観《み》罷《つか》れて他事なし
独り渓声《けいせい》を聴きて晩山《ばんざん》を出ず

万里は、千九郎が後に入る大分の私塾「麗澤館《れいたくかん》」の主宰・小川含章《がんしょう》の師に当たります。

夏の強い日差しを浴びながら、鹿鳴越へ向かう山道を黙々と登っていた千九郎も、滝の轟《とどろ》きに惹かれてここに立ち寄り、一時の涼を求めたに違いありません。

このとき千九郎は、この万里の漢詩を知っていたのでしょうか。それとも、後になってから知るのでしょうか。記録には残っていませんが、滝の前に佇《たたず》むと、自然と想像力が膨らみます。

鹿鳴越の峠を越えると、眺望は一気に開けます。眼下には別府湾が広がり、湯煙の立つ別府と大分の町が一望できます。千九郎は希望に胸をふくらませて、大分に続く坂道を足早に下っていったことでしょう。

大分県杵築市にある名瀑、羽門の滝

小川含章の麗澤館

明治十六年（一八八三年）九月三日、千九郎は念願かない、大分師範学校の入学試験を受けることができました。しかし結果は不合格。中津で苦手《にがて》な算術を学び臨んだ受験でしたが、力が及びませんでした。

千九郎はそのまま大分に留まります。そして、次の入学試験に備え、漢学者・小川含章が主宰する私塾「麗澤館」に入塾しました。含章は帆足万里の高弟で、当時七十一歳でした。

塾名の「麗澤」という名は、中国の古典『易経《えききょう》』の中にある言葉で、並んでいる二つの沢が互いに潤し合うように、師弟が互いに切磋琢磨《せっさたくま》して共に向上していくという意味があります。この師弟同学の精神は含章の教育姿勢を示すものでした。

事実、含章は、高齢でありながら、塾生と起居を共にしていました。そして、毎日数回の講義を行い、塾生からの多くの質問にも応じました。さらに、夜は若い塾生より遅くまで机に向かっていました。

そんな老師の姿に、十七歳の千九郎は強烈な感化を受けます。千九郎も、早朝から深夜まで、疲労も病気も意に介さないで勉学に集中しました。その猛勉強ぶりは、「これより一心漢学に熱中し、二、三月にして四書国語等の大義に通ず」と「初忘録」（『日記①』）に書かれています。

含章はまた、実学を重んじ、剣術や養蚕《ようさん》なども正課としていました。「剣術や養蚕を通して、どのような境遇にも適応できるような実際家を育てることが、学問本来の在り方である。四書五経を丸暗記したところで何の意味もない」（『伝記』）というのが含章の考え方でした。

この麗澤館で、千九郎が含章から直接薫陶《くんとう》を受けたのは、わずか半年間のことです。しかし、含章の生き方、学問への姿勢、憂国の思想は、その後の千九郎の人生に大きな影響を及ぼしました。

ちなみに千九郎は、晩年になって、千葉県に道徳科学専攻塾を開塾した際、そこに建てた自分の住まいに麗澤館と名づけています。

小川含章（右上）が主宰する麗澤館のあった来迎寺《らいこうじ》（大分県大分市錦町）

懐かしい八面山

明治十六年（一八八三年）、漢学者・小川含章の麗澤館に入塾した千九郎は、大分師範学校を再び受験するために猛勉強を続けていました。

含章の指導の下、千九郎は漢学の力を着実につけていきます。その学力は、入塾三、四か月後で、含章の代講を務めるまでになったといいます。

明治日本の近代化の波は、東京を中心に広がりつつありました。起居を共にし、共に学ぶ塾生たちは、日夜、国の将来を憂えたり、夢や志を語り合っていたことでしょう。そんな中、向学心に燃える千九郎が、東京に身を置いて勉強したいと熱望するのも当然のことです。

その年の十二月、塾生たちと熱い胸の内を語り合ううちに、志を同じくする友人二人と意気投合、千九郎は、共に東京に出る約束をしてしまいます。

早速、千九郎は両親の許可を得ようと郷里へと向かいました。

しかし、歩を進めるに従い冷静さを取り戻します。懐かしい八《はち》面山《めんざん》の見える中津の道を歩きながら、千九郎は両親の気持ちを考えていなかったということに気づきます。「我《わ》れ今脱走せば父母の驚き幾何《いくばく》ぞや、また我れ久しく彼《か》の地にあらば家産の零落《れいらく》も知るべきなり。たとい後来《こうらい》我れ立身をなすとも功罪相償《つぐな》うに足らず。若《し》かず、父母に謀《はか》り父母の許しあるときは遊学し、もし許さざるときは止《とど》まらん」と、そのときの心境を「初忘録」（『日記①』）に書き残しています。

話を聞いた両親は、反対はしなかったものの、その顔に濃い憂いが表れたのを千九郎は見逃しませんでした。もし自分が東京に出れば、両親は心配のあまり病気になってしまうだろうと、親の思いを察した千九郎は、東京行きを潔く断念します。

二人の友人からは、約束を反故《ほご》にした不信の友と罵《ののし》られます。千九郎は、一時的な感情での約束よりも、親心のほうが大切であることを悟ったのです。

幼いころから母に聞かされていた「孝は百行の本なり」の教えを守り、千九郎は道を外すことなく大分で勉強を続けます。

千九郎の郷里・大分県中津の山々。正面奥の山頂の平らな山が八面山

大分師範学校

明治十七年（一八八四年）一月、千九郎は大分師範学校の入学試験に再び挑《いど》みます。しかし、またもや不合格。

千九郎はこれまでの間、寸暇《すんか》を惜しんで勉強し、苦手な算術も大分師範の先生について学び直しての受験でした。落胆した千九郎は、「同僚我《われ》を笑わざる者なし」と、「初忘録」（『日記』①）に記しています。

そのころ、千九郎が在籍する麗澤館は経営困難な状態にあり、ある政治団体の傘下《さんか》に入ることになります。そのことが原因となって塾生たちの集団退塾騒ぎが起こりました。千九郎もその渦中にあり、連日、塾生たちと激論を交わし、悩みの多い日々を送りました。

そのこともあって、耳の病が再発し千九郎を苦しめます。大分病院の院長などの治療を受けますが、良くなるどころかますます悪くなる一方です。三月には両耳の痛みは耐えられないほどになり、やむなく千九郎は故郷の中津に帰ります。

両親は、どれほど驚き心配したことでしょう。八方手を尽くしますが詮方《せんかた》なく、灸治療のできる老翁《ろうおう》に治療を頼むのでした。

翁の「私が必ず治してやる」という言葉に両親は喜びますが、千九郎はにわかに信じることができません。「この治療にはお金がかかる」と翁が言えば、両親は言われるままの費用を出して治療を受けさせます。また、「薬をつくるにはコウズ（石亀。捕獲が難しい珍しい動物）が必要だ」と言われれば、東奔西走《とうほんせいそう》、惜しみなく大金をつぎ込んでコウズを手に入れました。

その甲斐あって千九郎の耳は快方に向かいます。「父母の喜び幾何ぞや。これ耳薬《じやく》の功のみにあらずして、父母の精神にて治せしものなり。それ親の子を愛するは皆一なりといえども、予が父母の予を愛するは尋常世間の父母の及ぶところにあらず」（「初忘録」、『日記』①）と千九郎は感激し、限りない親の恩にいつか必ず報いようと決心します。

六月、大分に戻った千九郎は、心新たに受験勉強に没頭するのでした。

大分県庁前の「大分県教育発祥の地」の碑。大分師範学校はこの付近にあった

富岡町と碇山

明治十七年（一八八四年）六月、郷里の中津から大分に戻った千九郎は、受験勉強に専念するために、経営問題で混乱する麗澤館を退塾しました。

七月からは大分師範学校の卒業生に就《つ》いて勉強を始めますが、二か月もたたないうちに遠方へ赴任《ふにん》してしまいます。先生を失った千九郎は、西に東にと師を求め歩きますが、なかなか良い先生が見つかりません。苦労の末にやっと巡り合ったのが河野欣三郎《こうのきんざぶろう》という先生です。

河野について千九郎は「性質仁恕謹慎《じんじょきんしん》活発にして、もっとも世事《せじ》に長《た》けたり。予のこの人に頼るや家に柱の生ぜしごときもの」（『初忘録』、『日記』①）であると全信頼を寄せています。

実際、河野の指導は、受験に向けた勉強の仕方や心構えなど有益なものでした。後に千九郎は師範学校の卒業認定試験に合格しますが、「卒業せしは全《まった》くこの人の徳によるなり。而《しか》るにその徳を酬《むく》うることいまだ遅し。真に恐るべきなり」（同掲書）と、河野への感謝の気持ちを書き残しています。

十一月、千九郎は大分の町から四キロほど離れた、河野の住まいのある富岡町に移り住みます。そして毎晩、下宿先から河野の家に通い、受験勉強に没頭しました。

あるとき千九郎は、この富岡町において、一人の女性に見初《みそ》められました。しかし、「たといいかなる美人、我れを挑むも我が心必ずこれに応ぜず。彼《か》の時ありて女子の意に従い、その請《こい》を許すごときは、我が心の怠慢より起こるものなり」（『履歴二号』、『日記』①）と心を引き締めます。そして、さらに勉強に専念するのでした。

千九郎の下宿先のすぐ裏手に、碇山《いかりやま》という小さな山があります。山頂からの眺めはすばらしく、大分の町並みや雄大な山々を一望することができます。

千九郎も、この碇山の頂《いただき》にしばし佇み、受験勉強で疲れた頭を休めたことでしょう。眼前に広がる景色を見ながら、ときには得意の漢詩を作ったのかも知れません。

碇山から見た富岡町（大分市）

柞原八幡宮

明治十七年（一八八四年）、千九郎は、十一月から河野欣三郎について受験勉強に励んでいました。ところが、河野もまた、翌年の一月に転勤することになってしまいます。

失望する千九郎に、河野は二人の師範学校の教諭を紹介し、後の指導を託しました。短期間ながらも、この二人の教諭からの学びは、千九郎にとって大きな自信となりました。

しかし、肝心の大分師範学校の受験日はなかなか発表されません。さらに、提出した願書が却下されたという情報さえ聞かされます。郷里では両親が、受験日の知らせを待っています。不安と苛立《いらだ》ちは募るばかりです。

翌明治十八年の元旦を、独り大分の下宿先で迎えた千九郎は、暗澹《あんたん》とした気持ちを漢詩に表しています。

千門《せんもん》美を競いて、佳賓《かひん》を招く。
我いまだ父君の望みを果さず。
独り机前《きぜん》に伏して……

千九郎は、悶々《もんもん》とした気持ちから脱しようと、郊外の柞原《ゆすはら》八幡宮に参ります。このお宮は、かつて父親の半六と参詣《さんけい》した宇佐神宮の分霊地。元をたどれば宇佐神宮の神官職だった千九郎の先祖にゆかりがあります。

しかし千九郎は、合格を祈願したのではありません。次の三つの誓いを立てたのです。

一、七年参詣のこと
一、正直なること
一、孝行のこと

天は有為《ゆうい》の人を捨てませんでした。二月四日より、師範学校卒業資格が得られる学力認定試験「応請試業《おうせいしぎょう》」を行うとの知らせが入ったのです。「予は天を呼んでこれを拝し、地に伏してこれを喜ぶ。これより昼夜巻《かん》を捨てず……」（『初忘録』、『日記』①）と、千九郎は歓喜しました。

今までの血の滲《にじ》むような努力は実を結び、千九郎は難関を見事に突破し合格したのでした。

二月十四日、大分師範学校の講堂で卒業証書の授与式が行われました。千九郎は師範学校で学ぶことなく、初等師範科の卒業証書を手にします。その日には両親の喜ぶ顔が浮かんでいたことでしょう。

創建は平安初期とされる柞原八幡宮（大分市）

形田小学校

明治十八年（一八八五年）二月、千九郎は、念願の大分師範学校の卒業証書を手にすることができました。はやる気持ちを抑えながら千九郎は、両親の待つ中津に向かいました。郷里では、父半六と母りえが、千九郎の到着をそれこそ首を長くて待っていたことでしょう。

千九郎の名前が書かれた卒業証書を見せられたときの両親の喜びようを、千九郎は「初忘録」（『日記』①）に次のように書いています。

「父母は天に登りて呼《さけ》び、また空に飛びて快と呼び、あたかも狂するがごとく、その喜びまた筆紙の尽くす能《あた》わざるところなり」と。この中には「孝」の一字を胸にして、苦学に耐えてきた千九郎自身の喜びも表れているようです。

三月二十六日、千九郎は小学校の正式な教員、訓導として採用されます。赴任先は大分県下《しも》毛《げ》郡の形田《かただ》小学校です。

形田小学校は、中津から山国川を十キロほど上流に遡《さかのぼ》った山の中にある、郡内でもっとも小さな小学校です。空き家を転用したという粗末な校舎で、千九郎の他に次席教員と補助教員がいます。千九郎は情熱に燃えて着任しました。

ところが、千九郎を待っていたのは厳しい現実でした。村人たちの教育への関心はとても低く、児童はほんのわずかしか登校してきません。

山村は貧しく、ほとんどの村人が苦しい生活を送っていました。だれもが「学校はお金がかかる」「農民には学問など必要ない」と考えていたのです。事実、子どもたちは農家にとって重要な働き手でした。

このままでは、農民のためにも日本の将来のためにもならないと考えた千九郎は、子どもたちの家を一軒一軒訪ね歩き、教育の必要性を親たちに熱心に訴えました。

しかし、着任したばかりの年若い教師の言うことなど、なかなか聞いてはもらえません。それでも、教育に懸《か》ける青年教師の情熱の火は、消えることなく燃え続けたのです。

千九郎が初めて赴任した形田小学校の跡地（大分県中津市本耶馬溪《ほんやばけい》町）

「夜間学校」の開設

明治十八年（一八八五年）三月、千九郎は訓導（正教員）として、大分県下毛郡の形田小学校に着任しました。しかし、情熱に燃えて着任はしたものの、児童の出席率が低いのに驚きます。村は貧しく、村人たちは教育の価値を知らず、そのために、子どもたちは農作業や子守りに駆り出されていたのです。

児童教育に敏感だった千九郎は、明治十六年に日本で初めて「子守学校」を創立し、その実践をもとに『子守教育法』（明治十七年刊）を著した、茨城県の渡辺嘉重《よししげ》（一八五八～一九三七）の存在を知ります。

千九郎は、この山村にも「子守学校」を開設すれば、子どもたちを教育できるのではないかと考えました。千九郎は、渡辺と手紙のやりとりをしながら、「子守学校」の設立に向けて奔走します。しかし、村人たちの理解は得られず、実現には至りませんでした。

千九郎が次に試みたのは「夜間学校」の設立です。「親はだれでもわが子を愛し、行く末を案じている。誠意をもって教育の大切さを訴えれば必ずわかってもらえる」と千九郎は堅く信じ、山を越え、谷を渡って子どもの家々を何度も訪ねました。

それぞれの家庭の事情や親の考えを十分に聞き、理解したうえで、教育の重要性と夜間学校の必要性を懇切丁寧《こんせつていねい》に話しました。やがて千九郎の誠意と粘り強い努力は実を結びます。翌明治十九年十二月、「夜間学校」が開設されることになりました。

形田小学校の教室で、夜は夜間学校として授業を行います。それだけでなく、学校から遠く離れた樋田《ひだ》村にも民家を数か所借りて教場にしました。暗い夜道でも、子どもたちが安心して近くの教場に通えるように考えてのことです。

千九郎は、毎晩それぞれの教場に足を運び、子どもたちを教えます。主な科目は読み方、作文、算術などでしたが、人間として大切な身を修める道も説きました。後に千九郎は、この経験をもとに『遠郷僻地《えんごうへきち》夜間学校教育法』（稿本）を著《あらわ》しています。

千九郎が「夜間学校」を開設した樋田村（大分県中津市本耶馬溪《ほんやばけい》町）

斧立神社

　明治十八年（一八八五年）、十九歳の千九郎は、大分県の形田小学校で児童教育に情熱を傾けていました。

　千九郎はそのころ、スイスの教育家、ペスタロッチを範としていました。ペスタロッチは、貧民児童や孤児の救済と教育に生涯のすべてを捧げた教育実践家です。児童教育において、家庭的な温かさの体感をもっとも重視し、また、貧困の根源を断つための民衆教育を行いました。


　千九郎は「履歴第二号」（『日記』①）、明治十九年五月二十一日の条には、このペスタロッチを倣《なら》い「我れ家産一万円に達すれば孤児五十人を養わん」と記しています。さらに十一月には、次の三つの誓いを立てています。

一、人を誹《そし》らず
二、貧弱を憐《あわ》れむ
三、五十以上にて国事に奔走、死を致すも可なり

　日本のペスタロッチにならんとした千九郎のまごころは、教育に無理解だった村人たちの心を溶かし、子どもたちは学校で勉強に励むようになりました。
　ところが、翌明治二十年の三月に、形田小学校は隣村の学校に統合されることになり、千九郎に転勤の辞令がおります。
　千九郎は子どもたちに事情を伝えます。「生徒ら皆泣《なみだ》を流し、その止《とど》まらんことを請《こ》う。予もまた胸中湧《わ》くがごとく、声濁《にご》りて十分の演説もなし得ざるごとくなりし」（「履歴第二号」、『日記』①）
　四月四日、千九郎が村を離れる日、村外《はず》れの仏坂《ほとけざか》にある村人の家で送別会が開かれました。

集まったのは大人と子ども合わせて二百余人。庭先には酒や料理が並べられ、子どもたちは祭りのように着飾っています。

　会が終わっても、別れを惜しむ人々は、千九郎を送って仏坂から四キロ離れた斧立《おのだて》神社までついてきます。そして境内で再び別れの宴《うたげ》が始まりました。

　日も沈むころになって、ようやく千九郎は皆に別れを告げました。それでも子どもたちは、千九郎の乗る馬車の後を追いかけてきます。その姿に、千九郎は胸が締めつけられる思いだったことでしょう。

村人たちと千九郎が別れを惜しんだ斧立神社。境内に残っていた往時を偲ばせる旧鳥居（大分県中津市）

万田小学校

明治二十年（一八八七年）四月、形田小学校をあとにした千九郎は、同じ下毛郡の万田《まだ》小学校に赴任します。形田小学校での成果と実力が認められての栄転でした。

万田小学校は、千九郎の実家のある永添と中津市街との中間に位置し、生徒数二百二十人を抱える郡内では中津市を除いていちばん大きな小学校です。しかし、本来なら訓導（正式教員）三人が定員ですが、千九郎が赴任しても、訓導は千九郎だけで、あとは助教が一人いるだけという状況でした。さらに児童の出席率も低く、登校するのは八十人前後という状態です。

早速、千九郎は学校の改革に取り組みます。子どもたちの家家を訪ね、出席するよう説得して歩きました。その効あって、五月には登校児童が百五十人にまで増加しますが、それも一時的なことでした。農繁期になると、再び欠席者が増えてしまいました。

千九郎は、赴任してからの無理がたたって体調を崩し、六月になって一週間ほど寝込むことになってしまいました。千九郎が学校を休んでいるときに、運悪く大分県の学務課員が万田小学校を視察に訪れました。学務課員は、あまりにも低い出席率と、助教の教授法のまずさを見て憤慨《ふんがい》します。そして、訓導である千九郎の管理・監督の不行き届きとして評価しました。

また、千九郎の栄転をうらやんだ一部の人々が、万田の村人たちを煽動《せんどう》し、学校とは別の場所に寺子屋をつくるなど、さまざまな妨害を企《くわだ》てました。そのため学校の出席率はいっそう悪くなっていきます。

さらに母のりえが、病に倒れるという不慮の事態も起こります。その間千九郎は、家事を手伝い、専心看病に当たりました。

千九郎は、万田小学校に着任してからの日々を、「この一年中は、予《よ》は非常の艱難《かんなん》を嘗《な》めたり」（『履歴第三号』、『日記』①）と記しています。しかし千九郎は、常に高邁《こうまい》な理想を胸に抱き、障害や困難に負けることなく、学校改善の努力を誠心誠意続けていきました。

千九郎が苦難を味わった万田小学校の跡地（大分県中津市）

奉納
公衆便所30M
環境庁

英彦山

明治二十年（一八八七年）、万田小学校に赴任した千九郎は、数々の障害にも屈することなく、校風の立て直しと教育の改善を進めていきました。

このとき千九郎の心には、すでに学問と教育の目的がしっかりと刻まれていました。それは、学問も教育も、個人の幸福と国家社会の発展のために存在するものであるということです。これは、小川含章の麗澤館で培われた実学尊重の学問観、教育観でした。

千九郎はその実学尊重の視点から二つの論文を書き上げます。形田小学校に設立し、みずから実践した夜間学校教育に基づいて著した『遠郷僻地夜間学校教育法』と、全国の養蚕業の改善をめざし、専門家の知識と学術的理論と実践結果を交えて記述をした『蚕業《さんぎょう》新説製種要論』です。

千九郎は、翌明治二十一年一月三日、この二つの原稿を携えて英彦山《ひこさん》に向かいます。大分県と福岡県の県境にそびえる英彦山は標高千二百メートル。古来、神の山として修験者《しゅげんじゃ》の修行場となっている山です。

千九郎がこの霊山に登った目的は、英彦山神社（昭和五十年から神宮）の高千穂宣麻呂座主《たかちほのぶまろざす》に論文の序文を依頼するためでした。

参道入り口から奉幣殿《ほうへいでん》のある下宮《げぐう》まで、八百段を超える石段が続いています。さらに、上宮《じょうぐう》（英彦山神宮）のある山頂までは険しい山道で、山伏《やまぶし》たちの修行場になっています。

「履歴第三号」（『日記』①）には「四日、彦山に登る。絶頂雪深きこと三尺余、予はこれに独登《どくとう》せり。その勇気知るべし」とのみ記されていますが、まさに死と隣り合わせのような、危険な登山だったことが容易に想像できます。

そして、五日の夜十時、千九郎は万田小学校の宿直室に戻ります。「足は寒水にて洗いそのまま寝《い》ねたる。その苦しみは今に忘るること能《あた》わざるなり」（同掲書）。座主との対話についての記録は、何も残されていませんが、この厳冬期の参詣が、千九郎にとって新たな立志の門出になったことは確かです。

英彦山神宮への石段。朱色の奉幣殿《ほうへいでん》は修験道《しゅげんどう》時代の霊仙《れいせん》寺の大講堂（福岡県田川郡添田町）

中津高等小学校

　明治二十一年（一八八八年）四月、千九郎は万田小学校を辞任して、前年に開校したばかりの中津高等小学校に移ります。

　このとき、高等小学校の教員資格をまだ持っていなかった千九郎は、学校の宿直室に寝泊まりをしながら、勉強に励みました。そして、七月には資格試験に合格、十月から正式な高等小学校訓導となりました。

　千九郎は、ここで裁縫や手芸、図画工作の授業を行う手工科を設置する働きかけをしました。これは、スイスの教育者・ペスタロッチの影響を受けたものといえます。

　さらに、寄宿舎を設置して、寄宿生の勉学指導に力を尽くしました。当初、寄宿していた学生は三人にすぎませんでしたが、千九郎の指導によって常に優秀な成績を収めるようになります。その評判は瞬《またた》く間に広がり、翌年には寄宿生が四十人を超すほどになりました。

　千九郎は生徒たちと起居を共にし、どんなに忙しくても、たとえ体調がすぐれないときでも、朝な夕な、熱心に生徒たちの勉強をみるのでした。そこには、恩師・小川含章の姿が念頭にあったからでしょう。

　また、中津高等小学校には、中津藩の藩校・進修学館《しんしゅうがっかん》の蔵書が和漢あわせて数千冊、手つかずのまま保管されていました。

　貧しい中で苦学を続けてきた千九郎にとって、この膨大な書物にいつでも触れることのできるという環境は、まさに夢のような知的環境でした。

　毎日、千九郎は貪《むさぼ》るように蔵書を読みあさります。千九郎の学力は高まり、知識は広がりと深みを増していきました。

　さらに千九郎は、校務の傍《かたわ》ら『豊州《ぶしゅう》新聞』に寄稿するなど執筆活動にも精力を傾けていきました。その年の十二月には『新編小学修身用書』全三巻を刊行します。これは身近な実話と格言を取り上げた画期的な道徳教育の副読本でした。

「この書は非常に喝采《かっさい》を博せり」（「履歴第三号」、『日記』①）という本書への高い評価は、千九郎の大きな自信となりました。

中津藩校・進修学館の跡地に建つ中津市立小幡記念図書館（大分県中津市）

千九郎の結婚

　明治二十一年（一八八八年）、中津高等小学校に赴任した千九郎は、教室で教鞭を執る傍ら、読書研究と執筆活動に精力を傾けていました。

　やがて千九郎は、「学問の力で国に貢献したい。都会に出て本格的に学問をやりたい」という思いを強くしていきます。年齢も二十二歳になっていました。

　一方、千九郎の心中を察した両親は、長男である千九郎を手《て》許《もと》に置いておきたいと願います。そして、結婚すれば遊学を断念するだろうと考えて、友人知人を介して千九郎に身を固めるように促《うなが》しました。

　千九郎は戸惑《とまど》い、自分の志と両親の願いの狭間《はざま》で悩みます。しかし、孝心の強い千九郎は両親の意を受け入れ、結婚することを決意したのでした。

　いくつかの縁談が寄せられましたが、両親や千九郎の心を動かす話はなかなかありませんでした。その中で、翌明治二十二年に千九郎の理想にかなった女性が現れます。元中津藩士の角《すみ》半衛《はんえ》の長女春子《はるこ》です。

　縁談は成立し、七月十八日に、婚礼の式が執り行われました。千九郎二十三歳、春子は十八歳でした。

　千九郎の家は、祖母、両親、弟妹五人という大家族です。春子は新婚早々、厳しい日々を送ることになります。

　毎日、朝五時前に起きて家族の食事の世話をし、弟妹たちの弁当を作ります。昼は慣れない農作業を手伝い、夜は夜で米を突いて白米にするなど遅くまで働きました。

　蚕を飼い、糸を紡《つむ》いで機《はた》を織《お》り、家族の反物《たんもの》も作りました。味噌《みそ》や醤油《しょうゆ》作りなどもあって、息をつく間もありません。

　千九郎は結婚後も変わらず、校務と勉強で忙しい日々を送っていました。九月からは、学校の寄宿舎に寝泊まりして、帰宅するのは土・日だけという生活になりました。

　千九郎は、健気《けなげ》に働く新妻を慮《おもんぱか》り、帰宅するたびにやさしい言葉をかけます。その温かい言葉は、春子の心をどんなに支えたことでしょう。

千九郎の妻春子が大家族の食事作りをした土かまど（モラロジー研究所中津記念館＝廣池千九郎生家）

金谷町の新居

　明治二十二年（一八八九年）七月、千九郎は春子と結婚し、新しい生活を始めました。春子は、嫁ぐとすぐに大家族の世話と農作業に追われる日々を送り、千九郎は、中津高等小学校の寄宿舎に寝泊まりして、週末に帰宅するという生活でした。校務と寄宿生の指導、そして自分の研究に専念するためです。

　千九郎の勉強は漢学、国学、洋学と多岐《たき》にわたりました。その中でも、特に歴史の研究に精力を注ぎ込んでいきました。学校に保存されている、藩校・進修学館の膨大な蔵書は、まさに宝の山でした。

　千九郎は、その年十月に『小学歴史歌』を出版します。これは神代から明治までの歴史上の出来事を、小学生にも覚えやすいようにと七五調で記述した独特な本でした。

　さらに翌明治二十三年十月には、伝記『中津旧藩主奥平昌邁公之伝』を著します。

　千九郎にとって時間はいくらあっても足りません。そこで、千九郎は両親の承諾《しょうだく》を得て、学校に近い金谷町《かなやちょう》に一軒家を借り、十二月に妻の春子と移り住みました。

　月給は当時七円、その中から三円を両親に送っていたので、生活は楽ではありません。春子は晩年、この時期の生活を次のように回想しています。「高等小学生二人を下宿させて家賃のたしに致《いた》しましたが、当時丸まげという髪を結《ゆ》って貰《もら》いますのが三銭、お湯代五厘まで出して見るとなかなか楽ではなく、八か月はどうやら無事に過ごしましたが、一銭も残りません」（『思ひ出』、モラロジー研究所）

　いくら生活が苦しくても、千九郎の研究は急速にはかどり、一年後の二十四年十二月には、大著『中津歴史』を発刊することができました。これが千九郎の最初の学術的著作です。

　当時の日本では、近代科学としての歴史学は確立途上にありました。千九郎が独学で著したこの著書は、まさに画期的なもので、これを機に千九郎は歴史学者としての将来像を胸に描くようになるのです。

昔日の面影を今も残す金谷町（大分県中津市）

宮永村の大火

千九郎が、中津市の金谷町に移り住んで二年目、明治二十五年（一八九二年）の四月九日のことです。午後二時半ごろ、金谷町から五百メートルほど離れた宮永村《みやながむら》で火事が起こります。

一軒の豆腐屋から上がった火の手は、おりしも強風にあおられて燃え広がりました。老人や女子どもは逃げ惑い、男たちは必死の消火活動を行います。しかし火の勢いは激しく、瞬く間に村の三分の二が炎に包まれてしまいました。

焼失した家屋は五十数戸。納屋、土蔵などを含めると百余棟に及びました。被災者数三百人以上、死傷者も出るという大火でした。

この惨事を目《ま》の当《あ》たりにした千九郎は、一刻も早く罹災《りさい》した村人を救済しようと決意します。まず、宮永村の村長に働きかけ、村長宅を救済本部にして救援運動を始めました。

その一方で千九郎は、みずから「嗚呼《ああ》宮永の大火……此憐《このあわれ》むべき同胞を如何《いかん》せん……」と、義援金募集の檄文《げきぶん》を書き始めます。

そして、「……今日躬《み》みずから焼村の惨状を目撃し、悲哀おのずから堪うること能《あた》わず。ただちにこの檄文一千枚を頒《わか》ち、普《あまね》く地方の志士仁人《ししじんじん》、未《いま》だ躬みずからこれを目撃せざるものに告げ、あえて志士の仁心を鼓舞し、その警醒一顧《けいせいいっこ》を促し、もって大いにこの憐むべき同胞の急を救わんとするにあるなり……明治二十五年四月十一日　在扇城　廣池千九郎」と訴えます。

さらに檄文の最後に「この檄文一千枚、もし一枚に、五銭を得れば正に五拾円、十銭を得れば方に百円を得る。同胞の為、慶すべし」と書いています。

千九郎は、この一千枚のチラシを自費で印刷し、義援金が少しでも多く集まることを念じながら、近隣の町村に配って歩きました。

このような千九郎の救済活動は、宮永村の大火のときだけにとどまりません。天災などの災害が起こると、何をおいても被災者に救済の手を差し伸べることを常に心がけ、率先して実践しています。

大分県中津市上宮永《かみみやなが》にある貴船《きふね》神社。明治の大火時、村人はこの境内にも逃げ込んだと思われる

廣池千九郎編述
中津歴史
明治二十四年十二月發行

京都への旅立ち

明治二十四年（一八九一年）十二月に発刊した『中津歴史』は、千九郎が独学で著した初めての学術的著作です。

千九郎は、中津高等小学校に赴任してから約三年間、校務を人一倍こなしながら、寸暇《すんか》を惜しんで調査研究を重ね、『中津歴史』の著述に精力を注ぎ込みました。途中には、病などさまざまな障害がありましたが、それに屈することなく原稿を書き続けたのです。

『中津歴史』は、学術的な郷土史の先駆として高い評価を博《はく》しました。千九郎は、この出版の成功によって、歴史家として立つ自信を得ることになります。そして、「史学を通して国家のために役立ちたい」という思いを強くしていきました。

中津の識者や、福沢諭吉の門人たちも、『中津歴史』によって、千九郎という優秀な若者の存在を知ることとなりました。それらの人々は、東京に出て郷里の先輩・福沢諭吉の門下に入ることを盛んに勧めました。

しかし千九郎は、これらをすべて断り、『中津歴史』の印税で得た百五十円を資にして京都に出ることを決意します。千九郎は、人に頼らない孤立無援の道をあえて選択したのです。

翌明治二十五年八月十五日、千九郎は、妻の春子と共に、京都へ向けて旅立ちます。このとき春子は、妊娠三か月という身《み》重《おも》の身体でした。

船の出る中津港には、両親、弟妹、親類縁者、学校の同僚や教え子たちが大勢駆けつけました。激励と万歳《ばんざい》の声の中、千九郎夫婦を乗せた小型蒸気船は中津を離れていきました。

『中津歴史』の発行と、この京都への旅立ちは、その後の千九郎の生涯を、大きく決定づけることになります。

千九郎は晩年、この京都への旅立ちについて、「予が生涯の苦労もこの一挙によりて起こり来たり、また予の今日における世界人類の救済に関する大事業に従事するに至りしことも、またこの一挙によりて起こり来たりしものなり」（『論文』⑩）と述《じゅつ》懐《かい》しています。

千九郎が著した『中津歴史』（右下）。旧中津港があった山国《やまくに》川の河口（大分県中津市）

二、　歴史家として立つ

路通り
oji dori

京都到着

明治二十五年（一八九二年）八月十五日、千九郎は、春子と中津港から船に乗り、京都へと旅立ちました。船といっても小型のポンポン蒸気船です。激しい揺れが、春子を苦しめました。

春子はこのときの心境を、晩年の手記に次のように記しています。

「丁度三ヶ月の身重にて、門司に着いた時は心身ともにつかれ果てましたが、途中で倒れるような事があっては何事にも成功せず、これではならぬと心をふるい起《おこ》し、初めて神仏へ助けを乞い、深い信念を以《もっ》て舟に乗り込み……」（『思ひ出』）

当時はまだ山陽線が開通していません。門司港に着いた二人は船を乗り換え、瀬戸内海を渡って大阪に向かいました。

春子にとっては初めての船の長旅です。いくら波の穏やかな内海でも、真夏の暑さと船の揺れは妊娠中の身には堪《こた》えたことでしょう。それでも春子は、歴史家をめざす夫の成功を願い、気丈《きじょう》に耐えていきます。そんな妻を千九郎はやさしく気づかいながら、船の旅は続きました。

大阪からは汽車に乗り継ぎ、京都に向かいます。二人が、残暑の厳しい京都にたどり着いたのは、中津を出てから八日目の八月二十二日のことでした。

二人が降り立った七条駅（現在の京都駅）の駅舎は、明治十年に竣工した赤煉瓦《あかれんが》造りの二階建てで、市民からは「七条ステンショ」と呼ばれて親しまれていました。

「西も東もわからぬ土地ながら、名にしおう本願寺を目前に仰いで勇気を新《あら》たにし、希望と覚悟の一夜を明かしました」（同掲書）という妻の春子。千九郎の父の半六は浄土真宗の熱心な信者です。駅前にそびえ建つ東本願寺の威容を前に、二人はどれほど勇気づけられたことでしょう。

二人は駅近くの宿に落ち着きます。しかし、千九郎には長旅の疲れを取る間もありません。これから住む家を探さなくてはならないのです。早速千九郎は、翌朝から不慣れな京の街へと出かけていくのでした。

JR京都駅前。「七条ステンショ」と呼ばれた当時の駅は、この駅前広場の辺りにあった

駐車お断り

西革堂町の新居

明治二十五年（一八九二年）八月、千九郎は春子と共に京都に到着しました。身重の春子を宿に置き、千九郎は、住む家を探すために、毎日炎天下の中を出かけていきます。

京都には、従弟《いとこ》の阿部守太郎《あべもりたろう》（一八七一～一九一三。千九郎の母りえの妹の長男。三高、東大に学び、外交官として活躍。大正二年、東京・霊南坂で暗殺される）が第三高等学校の学生として滞在していましたが、そのほかには知人も友人もいません。この京都で保証人なしで家を借りるというのは、思っていたよりも困難なことでした。

四、五日経ったころです。千九郎は、上京区（現・中京区）新《しん》椹木町通《さわらぎちょうどおり》竹屋町《たけやまち》の西革堂町《にしこうどうちょう》にちょうどよい空家を見つけます。偶然にもその家の向かいが、大分師範学校の第一期卒業生で、京都府立高等小学校の校長をしている永松木長《ながまつもくちょう》の住まいであることがわかります。

千九郎は不思議な縁とばかりに、早速、永松に保証人を依頼したところ快諾を得、その家を借りることができたのでした。

毎日宿に一人残り、心細い思いで待っていた春子は、千九郎の朗報にどれほど喜んだことでしょう。

二人は夜が明けるのを待って新居に向かいました。七条通の宿から約三キロの道のりを歩いて新居に着きます。そこは京都御所と二条大橋の間に位置する静かな町でした。

しかし、住む家が決まったものの、ひと月五円という家賃は中津での生活から比べるとあまりにも高額で、家賃を払う見通しが立ちません。そこで二人は、永松の世話で大分県出身の学生を下宿させて家賃の補いにすることにしました。

一方で千九郎は、歴史の専門誌『史学普及雑誌』の発刊準備に取りかかります。千九郎自身の歴史研究の発表と、同時に生活の糧《かて》を得る手段として、かねてから周到に計画を練っていたものです。

こうして、千九郎二十六歳、春子二十一歳の、希望に燃えた新天地での生活が始まりました。

千九郎が最初に住んだ京都市中京区西革堂町の一角

SECOM
株式会社 便利堂
便利堂
GALLERY

『史学普及雑誌』の発行

明治二十五年（一八九二年）八月、千九郎と春子の、京都での新たな生活が始まりました。

中津での教師生活に終止符を打ち、歴史学者として身を立てようと志した千九郎が、最初に京都の地を選んだのには理由がありました。京都は、桓武《かんむ》天皇以来の旧都であり、これから研究しようとする歴史的な材料が豊富にあったからです。

そして、歴史を研究した成果を発表するための手段として、千九郎みずから歴史の専門誌を刊行しようと、その計画と準備を重ねてきたのです。

千九郎は、この歴史専門誌によって「人類の歴史には一定不動の法則がある」という歴史観を、広く一般の人々に普及させることで、人心の向上を図ろうと考えていました。それだけでなく、学者や研究機関へも情報を提供して、国づくりに役立つことを願っていたのです。千九郎はこの専門誌を『史学普及雑誌』と名づけました。

不慣れな土地で印刷所を探し、発売所を決めるのは容易ではありません。しかし、努力の甲斐あって、翌九月二十一日には、記念すべき第一号を発刊することができました。

A四判、三十三ページ、一部三銭五厘。印刷所は寺町の「本来堂」、発売所は「便利堂」です。巻頭には東京帝国大学教授・重野安繹《しげのやすつぐ》、国学院講師・井上頼圀《よりくに》をはじめとする、そうそうたる学者の「祝詞《しゅくし》」が掲載されました。

千九郎と春子は、刷り上がったばかりの創刊号を手にします。このときの二人にはインクと紙の匂いが、どれほど新鮮に感じられたことでしょう。しかし、喜びに浸っている余裕はありません。

「見本として全部発送、東京市内五、六百部、京都二、三百部、全国中学、女学校宛一千部余り、送り出す帯《おび》書きは私独りで書き、何から何まで他人を頼まず二人で致し、費用のかからぬ様工面工夫して……」（『思ひ出』）と、身重の春子も必死になって発送を手伝います。二人の新たな苦労はこうして始まったのです。

『史学普及雑誌』の発売所となった「便利堂」（京都市中京区新町通竹屋町下ル弁財天町）。この場所は当時と変わっていない

史學普及雜誌

富岡鉄斎との出会い

明治二十五年（一八九二年）九月二十一日、千九郎は、歴史専門誌『史学普及雑誌』第一号を創刊しました。これは、綿密な計画と成功への確信をもって踏み出した出版事業でした。しかし、待ち受けていた現実は、千九郎の予想に反して大変厳しいものでした。

「第一号は見本進呈で、第二号は代金を取る事にしたのですが、なかなか集金が思うようにいかず、旅費、宿賃、家賃、食費その他の費用に元手も費消、遂に第三号の出版費が出せなくなってしまいました」（『思ひ出』）

始まったばかりの新生活は、早くも困窮《こんきゅう》を極めてしまいます。それでも千九郎は、なんとか資金繰りをして、雑誌の発行を続け、二人は経済的な不安を抱えたまま、京都での新年を迎えます。

そのころ千九郎は、人を介して、南画の大家である富岡鉄斎《とみおかてっさい》（一八三六～一九二四）を紹介されました。鉄斎は五十七歳。千九郎は二十七歳でした。

親交は急速に深まり、『史学普及雑誌』第六号には鉄斎の詩、十二号には鉄斎の「花扇《かせん》の図」が掲載されました。

鉄斎は当代一流の画家であると同時に、国学、漢学、陽明学、仏教、詩文などにも通じる大学者でもありました。

千九郎は鉄斎を師と仰ぎ、教えを請います。鉄斎も、向学心に燃える若い千九郎の才能と、清廉潔白《せいれんけっぱく》な人柄を認めます。

鉄斎は、旅行中の留守番を託すまで、千九郎を信頼するようになります。さらに、書庫にある貴重な蔵書の閲読まで許すのでした。

「万巻の書を読み、万里の道を徂《ゆ》き、以《もっ》て画祖《がそ》をなす」と主張する鉄斎の蔵書は、和漢合わせて三万巻にも及んだといわれています。

留守を任された千九郎は、連日連夜、鉄斎の書庫にこもり、膨大な書物に触れます。このときの経験は千九郎の研究にどれほど役立ったことでしょう。千九郎は、鉄斎から受けた恩を生涯忘れることなく、報恩を続けました。

千九郎が足繁く通った富岡鉄斎邸（京都市上京区室町通一条下る）。右上の写真は富岡鉄斎、左は『史学普及雑誌』と鉄斎の「花扇の図」

新京極
京の
でっちようかん
西谷堂
聖護院八ッ橋
京極店
西谷堂
石焼天国
靴下屋
ANGEL STREET
みどりや

長男・千英の誕生

明治二十六年（一八九三年）二月、春子は臨月を迎えました。京都での生活も半年過ぎ、新生活に多少慣れてきたとはいえ、親元を離れての初産《ういざん》です。不安があって当然です。

しかし春子は、そんなようすを微塵《みじん》も見せることなく、『史学普及雑誌』の編集発行と、歴史の研究に奔走する夫を助けていました。さらに、四人の下宿人の世話など、出産間際まで懸命に働きます。「妻は、私が雑誌のほうに忙殺されて勉強する暇のないのを心苦しく思って、私の書く原稿の清書を手伝ってくれました。忙しい間に書いて、あとから書き足したり削ったりして、メチャクチャに書き汚した原稿を、根気よく清書してくれたのです」（『回顧録』）と、千九郎は感謝しています。

二月二十五日、春子は元気な男の子を無事に出産します。待望の男子誕生に、千九郎はどんなに喜んだことでしょう。自分の名前から一字を取って、千英《ちぶさ》と名付けました。

中津から東京に移り住んでいた春子の両親も、初孫の誕生を心待ちにしていました。しかし、顔を見たくても、容易に見に来ることはできません。両親は、ぜひとも写真に撮って送ってほしいと、手紙で催促してきます。当時、写真はまだ珍しく、とても高価なものでした。

四月のある日、千九郎は、仕事を中断して、千英を抱いた春子と共に、京極の写真館へと向かいました。写真館は西革堂町の家から歩いてわずか十分ほどのところにありました。ところが、お店が混んでいたのか、それとも撮影に手間取ったのか、思いのほか時間がかかってしまいました。「写しての帰り道、歩きながら良人《おっと》は何一つ話はせず、ただ『二時間損した、二時間損した』と、それのみ言い通し帰宅致しました」（『思ひ出』）

このときの千九郎は、妻を責めていたのではありません。新たな本のために書かなくてはならない原稿、読まなくてはならない本が山ほどあって、千九郎には、時間がいくらあっても足りなかっただけなのです。

現在の新京極。千九郎一家はこの付近の写真館で記念写真を撮った（右上）。千九郎二十七歳、春子二十二歳、千英は生後三か月

『皇室野史』の発行

千九郎は、新天地の京都で、『史学普及雑誌』の編集・発行と、歴史の研究に全精力を注いでいました。その仕事ぶりは実に凄《すさ》まじいものでした。

「毎朝五時に共に起き、水を浴びて冷水まさつ、それから本を読み、夜十二時まで勉強、暑い時は真昼外出して用事をすませ、朝夕涼しい間に本を読み、寒気強き時は朝夕寒い間に外出して用事をなし、朝十時から午後四時まで本を読み、筆を取って一心に勉強を重ね……」と、妻の春子は、『思ひ出』の中に記しています。

また、千九郎自身も『回顧録』に「小さな字の書籍を読むのに夢中で、天窓の上から雪が降り込んでも知らず、雪が積もっておっても、一生懸命に勉強した」と、当時の思い出を書き残しています。

千九郎は、研究の焦点を皇室に置いていました。歴代の天皇は自分の意見や思想を和歌以外の形では書き残していません。皇室を研究するには、無数の文献に散在する天皇に関する記事を、地道に検討していくしか方法はなく、多大な労力と非凡な学力を必要としました。

千九郎は京都の神社、仏閣《ぶっかく》、旧家を訪ね歩き、未公開の古文書などを調査し考証を重ねます。さらに知遇を受けた富岡鉄斎の膨大な蔵書を渉猟《しょうりょう》しました。

そして、研究成果は、そのつど『史学普及雑誌』に掲載していきました。

明治二十六年（一八九三年）五月、千九郎は、皇室研究の成果を一つにまとめ『皇室野史《やし》』として発刊します。これは、応仁の乱から徳川末期に至るまでの、皇室と国民が苦楽を共にしてきた実情を新発見の資料に基づいて詳述《しょうじゅつ》したものでした。

皇室がもっとも衰微《すいび》した時代にあっても、国民の皇室を尊ぶ心が失われていなかったことに千九郎は驚嘆《きょうたん》し、執筆を進めながら感激で涙したこともあったといいます。

千九郎には、この研究によって皇室尊重の精神を国民の間に喚起《かんき》し、広めようという強い願いがあったのです。

京都御所。千九郎は自宅から富岡鉄斎邸に通うのに、幾度となくこの道を通ったことだろう

本山
頂妙寺
犬のさんぽ
おことわり

誠への軌跡——廣池千九郎の足跡を訪ねて㉛

史学から法学へ

明治二十六年（一八九三年）八月、千九郎は、宮内省の許可を得て奈良・東大寺の正倉院《しょうそういん》の御《ぎょ》物《ぶつ》を拝観します。このことは、千九郎の歴史家としての実力が公に認められたということであり、千九郎にとって大きな自信となりました。

その夏のことです。千九郎は古書店で手にした雑誌で、当時の法曹界の最高峰・穂積陳重《ほづみのぶしげ》の論文に出会います。

その「法律五大族の説」という論文には、中国の法律と法理の研究は未開拓であり、これを研究究明することが日本の法律学者の任務である、と論じられていました。

この穂積の論説に大いに触発された千九郎は、単なる歴史家では、将来わが国の思想を善導し、皇室に奉仕することは難しいと考えます。そして、これからは法律学を志し、政治・法律の実際の局に立って日本を善い方向に導こうと、研究対象を史学から法学へと広げていくのでした。

一方、生活の糧《かて》となる『史学普及雑誌』の売れ行きは、いっこうにふるいません。

「一ヶ月八円あれば生活が出来ますにもかかわらず、純益八円が月初めに手に入らず、八厘の湯代にも差支《さしつか》えた事が一度や二度ではありません」（『思ひ出』）。妻の春子は、幼子を抱えながらひたすら夫の成功を願い、さらに倹約に努めました。

「その間というものは風呂《ふろ》へも入らなかった。時々水をあびてすませてきた。ナマ魚は、一年に一回も食べたことはない。ヒモノも食べたことはない。飯と汁だけでやってきた。しかし、それにも屈せず勉強し、歴史や法律を独学をもって研究し、また英語もドイツ語も習ってきた」（『回顧録』）

千九郎も倹約に徹底するのですが、生活はますます苦しくなります。

翌年四月、千九郎一家はやむなく、鴨川の東側、左京区の頂《ちょう》妙寺《みょうじ》の塔頭《たっちゅう》・妙雲院《みょううんいん》の一室に転居します。六畳一間、家賃は一円。千九郎の勉学意欲はますます高まるばかりでした。

千九郎一家が移り住んだ妙雲院のある頂妙寺（京都市左京区仁王門通川端東入）

住吉神社での誓い

明治二十七年（一八九四年）、日本と清国との関係は悪化の一途を辿《たど》っていました。その影響もあり、『史学普及雑誌』の売れ行きはさらに悪くなっていきます。それでも千九郎は、「植字まで自分で手伝い、印刷所のある大津から何里という道を京都まで人力車に本を積んで、自分は歩いて、本屋へ卸してまわっていました」（『回顧録』）と、懸命な努力を続けていました。

七月三十一日、千九郎は販路を求めて京都から大阪に出向きます。出入りの書店で堺の書店を紹介された千九郎は、雑誌を包んだ重い風呂敷《ふろしき》包みを担いで堺まで足を伸ばします。しかし、あいにく店主は留守。目的を果たせなかった千九郎は、京都へ帰る電車賃もなく、夏の炎天下を歩いて引き返します。

およそ十二キロ戻ったところに官幣大社《かんぺいたいしゃ》住吉神社（戦後、住吉大社に）があります。千九郎は涼《りょう》を求めて、境内の木陰に腰を下ろしました。すると、近くの料理屋から三味線の音とにぎやかな笑い声が聞こえてきます。――自分は国の将来を思って雑誌を作っているのに、売れなくて苦労している。さらに前《ぜん》人未到《じんみとう》の中国の法律を研究している。一方、この物質窮迫《きゅうはく》の時代に享楽《きょうらく》をほしいままにする人もいる――と、矛盾した世の中に憤《いきどお》りを感じた千九郎は、不信仰の人や反社会的思想を抱く人たちが生まれるのも無理はないと考えたのでした。

しかし千九郎は、それは学問、知識、先天の徳のない人々の考えることで、どのような人であっても、その至誠の精神と行為は必ず神さまが受け入れてくださるのだと、思い直します。

深く反省した千九郎は、神殿で五つの誓いを立てました。

一、国のため、天子のためには
　生命を失うも厭《いと》わず
二、親孝心
三、嘘を言わず、正直を旨とす
四、人を愛す
五、住吉神社のご恩を忘れず参
　拝

千九郎は晩年、このときの反省と誓いが運命の岐路《きろ》となったと門人に述懐しています。

太鼓橋で有名な住吉大社（大阪市住吉区住吉）。四棟の本殿が美しい姿を見せている

七五三詣

『平安通志』の編纂

明治二十七年（一八九四年）、千九郎の生活は、困窮を極めます。生涯の中でもっとも貧困に苦しんだのがこの時期です。

「白米一升は五銭弱で、私は家賃一円の家におり、一か月八円あればどうにか下等の生活は出来ると申しますのに（中略）それが終始不足がちでありました」「食事は粥《かゆ》でも食べましたが、さて倹約は風呂のほかないので、ほとんど一年中風呂にも入らず、冷水を浴びて通しました」（『回顧録』）

学識も能力もある千九郎が、生活苦で喘《あえ》いでいるのを見かねた知人たちは、京都地方裁判所の書記の仕事や、奈良県庁に推薦するという話を持ちかけます。しかし千九郎は、朝九時から午後四時、五時まで公務に就いていたら、とうてい大業はできないと、申し出を断り、自分の研究に全精力を傾けました。

当時の京都は、幕末時の騒乱や東京遷都《せんと》の影響で衰微してしまった街に、再び活力を取り戻そうと懸命でした。

明治二十八年に迎える平安遷都千百年を記念し、平安京当時の正庁を模した平安神宮の造営、日本初の路面電車の敷設、そして、第四回内国勧業博覧会の開催など、さまざまな事業が進められていました。

この記念事業の一つとして、京都の千百年の歴史を叙述しようという『平安通志《つうし》』の編纂《へんさん》が計画されていました。そのために、京都市参事会から官民の歴史家が多数動員されたのです。

千九郎が、大阪の住吉神社で五つの誓いを立てた七月三十一日。帰宅した千九郎を待っていたのは、この『平安通志』編纂協力の依頼でした。これは住吉神社の効験《こうけん》かと、千九郎は感謝して引き受けます。

編纂委員となった千九郎は、歴史家としての能力を存分に発揮し、和装本二十冊・六十巻からなる『平安通志』の約三分の一を編纂します。そして、年末には三百円という多額の報酬を得ることができました。貧しさに耐えて千九郎を支えていた妻の春子はどれほど喜んだことでしょう。

桓武天皇と孝明天皇が祀《まつ》られている平安神宮の応天門（神門）。平安神宮は平安遷都千百年を記念して明治二十八年に建立された

松林山 妙雲院
こども 110番 のいえ

井上頼圀との出会い

明治二十七年（一八九四年）八月一日、千九郎が間借り生活をしている妙雲院に、日本古典学の泰斗《たいと》である井上頼圀（一八三九〜一九一四）が訪ねて来ます。千九郎は狂喜して井上を迎えました。千九郎と井上は旧知の間柄。しかし直接会うのはこのときが初めてだったのです。

千九郎は中津で教員をしていたときから、東京の井上を師と仰ぎ、手紙を通して指導を受けてきました。『史学普及雑誌』を創刊したときには、井上に「祝詞」の寄稿を依頼しています。京都に出てからも、文通は頻繁《ひんぱん》に続いていました。

井上は、手紙のやり取りを通して、千九郎の誠実な人柄に惹かれていました。中津における千九郎の著書『中津歴史』に始まり、京都で著した『日本史学新説』『皇室野史』『史学俗説弁』『新説日本史談』などを通じて、千九郎の思想と実力に注目してきました。また、みずからの研究課題に取り組みながら『史学普及雑誌』を毎月一人で編集・発行する千九郎の心意気にも感心していました。

当時の井上は、国家的事業である『古事類苑《こじるいえん》』の編纂に携《たずさ》わっていました。その関係で京都に出張して来たのです。忙しい時間を割いての訪問でした。

このとき、井上は五十六歳、千九郎は二十八歳でした。年の差を超えて肝胆相照《かんたんあいて》らすものを感じた二人は、数時間にもわたって論じ合います。

会談の中で千九郎は、京都は学問研究の環境が不十分で、ここにいる必要がなくなったことと、上京したいという思いを井上に伝えます。

井上も、この優秀な若者をこのままにしておいては、国家の損失と考えたのでしょう。『古事類苑』の編修顧問になることが決まっていた井上は、千九郎をその編修委員に推薦する意志を固めたのでした。

その後も二人の親交は深まり、井上が他界する大正三年まで続きました。千九郎にとって井上は、学問と思想だけでなく、人生上において大きな影響を受けた大恩人なのです。

千九郎が住んでいた頂妙寺の妙雲院。千九郎はここに井上頼圀（右上）の訪問を受けた

寺誌の編纂

千九郎が、明治二十七年（一八九四年）の夏から参加した『平安通志』の編纂は、多くの時間と労力を必要としました。千九郎は、それまで毎月発行してきた『史学普及雑誌』を一か月休刊させて、この仕事に集中的に取り組みました。

平安遷都千百年を記念して、日本の歴史を後世に正しく伝え残そうという、この国家的な事業に、千九郎は大きな意義と使命感を感じていたのでしょう。

国学、漢学に精通し、歴史を専門とする千九郎は、持ち得る能力すべてをこの編纂の作業に注ぎ込みました。

千九郎の誠意ある仕事ぶりは、公に認められ、社会的信用を得ることとなりました。そして、千九郎の歴史学者としての実力は、関係者の知るところとなったのです。

同年十一月、千九郎は醍醐寺《だいごじ》三宝院《さんぼういん》より寺誌の編纂を依頼されます。醍醐寺は貞観《じょうがん》十六年（八七四年）に建立され、その本坊である三宝院の創建は永久三年（一一一五年）という寺院です。

千九郎は千年の歴史を持つ寺院の沿革を、膨大《ぼうだい》な量の古文書や美術品にじかに接してつぶさに調べていきました。

続いて、翌二十八年一月には、比叡山延暦寺《ひえいざんえんりゃくじ》から古文書と宝物《ほうもつ》の整理を依頼されます。

延暦寺は延暦七年（七八八年）に伝教大師《でんぎょうだいし》・最澄《さいちょう》が草庵《そうあん》を結んだのが始まりで、平安以後は、法然、親鸞、栄西、道元、日蓮など多くの高僧たちを輩出しています。

千九郎は、これらに関する貴重な史料に触れることで、仏教への関心がさらに高まり、造詣《ぞうけい》を深めていくのでした。

また、寺誌の編纂は、栄枯盛衰《えいこせいすい》の事実を目の当たりにすることにもなりました。「真正の歴史とは……人類の行迹《ぎょうせき》について一定不動の法則あるを示すもの」（『史学普及雑誌』第一号）と考えていた千九郎は、自身の歴史観への確信を強くしたことでしょう。

その後、上京して『古事類苑』の編纂に携わったときにも、京都でのこの経験が大いに生かされることになるのです。

比叡山延暦寺の根本中堂（滋賀県大津市）

千九郎の親孝行

　京都での千九郎の生活は、まさに赤貧《せきひん》洗うがごとくの状態でした。そのような中にあっても、千九郎は、親孝行を忘れることはありませんでした。

　毎月必ず、中津の両親に送金していています。その額がたとえわずかであっても続けたのです。また、寺社の仕事をしたときなど、お礼に珍しい菓子をいただくことがありました。それも自分たちで食べることなく親元に送っています。これは、幼いころに母親から聞かされた「孝は百行の本なり」という教えが、千九郎の生活の根本になっていたからでしょう。

　明治二十八年（一八九五年）に入ると、『平安通志』の編纂や醍醐寺三宝院、比叡山延暦寺の仕事などの報酬で、経済的に多少のゆとりが出てきました。しかし、このときも千九郎は「こんなとき普通ならば、魚が食いたい、芝居へも行きたい、御馳《ごち》走《そう》もたべたいと思うのでありますが、私は国を出てから、永《なが》い間両親に十分孝養が尽くしていないので……」（『回顧録』）と、郷里の両親を京都見物に招くことを計画します。四月からは、平安遷都《せんと》千百年記念の「内国勧業博覧会」が開かれるので、京都見物をしてもらうのには絶好の機会でした。

　また、そのころの千九郎は、『古事類苑』の編修顧問となった井上頼圀の勧めで、この編修員として上京することが決まっていました。これで上京してしまうと、両親に会うことが難しくなるとも考えたのです。

　千九郎の知らせに胸を躍らせ、父の半六と母りえが、三月下旬に上洛してきます。浄土真宗の熱心な信徒である二人は、まず初めに東本願寺に詣《もう》でます。千九郎は、金閣寺や銀閣寺など名刹《めいさつ》の数々を案内して回ります。歴史を専門とする千九郎です。神社仏閣の説明で右に出るものはいません。息子・千九郎の博学ぶりに、二人は感心と感激の連続だったことでしょう。

　さらに千九郎は、博覧会や芝居の見物も楽しませるなど、二週間にわたって両親に孝養を尽くしました。

京都・東本願寺の御影堂。浄土真宗の宗祖・親鸞聖人の御真影が安置されている

三、『古事類苑』の編纂と東洋法制史研究

千九郎の上京

　明治二十八年（一八九五年）四月一日、千九郎のもとに『古事類苑』編修顧問の井上頼圀から「すぐに上京するように」との通知が届きます。待ちに待った知らせでした。

　ちょうど京都に来ていた両親もこの吉報に接し、息子の出世を喜び、安心して中津へと帰っていきました。

　千九郎は早速、上京の準備にかかります。四月発行の『史学普及雑誌』二十七号を最終号として廃刊にしました。そして、京都や大阪の書店に卸した雑誌の代金を回収してまわります。しかし、一家そろって上京する費用にはほど遠く、全く足りません。それは、『平安通志』や寺誌の編纂などで得たお金をすべて、両親の京都見物で使い果たしたからです。

　千九郎は「九月には送金して迎えるから」と妻の春子を説得し、五月七日、一人汽車に乗って東京へ向かいます。

　京都での生活は、わずか二年九か月でしたが、この間、千九郎は、毎月『史学普及雑誌』を発行し、専門の歴史や法律の研究に打ち込んできました。さらに、漢籍や国学、英語、ドイツ語まで勉強したのです。

　著作も『日本史学新説』（明治二十五年十一月）、『皇室野史』（二十六年五月）、『史学俗説弁』（同年九月）、『新説日本史談』（二十七年六月）など次々と出版し、研究の成果を確実に形にしてきました。

　「わずかの間に、漢学、国学には自信ができ、いかなる博士にも太刀打ちできるようになっておった」と、千九郎は『回顧録』に記しています。上京する千九郎には自信が満ちていました。

　翌五月八日、新橋駅に到着した千九郎は、国学院に通う弟の長吉と再会します。その足で麴《こうじ》町《まち》の下宿先に向かう千九郎を最初に迎えたのは、明治天皇が住まわれる宮城《きゅうじょう》（皇居）でした。

　皇室を敬慕する千九郎は、お濠《ほり》に沿って歩きながら、これから取り組む国家的事業である『古事類苑』編纂の仕事に向けて、心の炎を燃やしていたことでしょう。

“歴史”を感じさせる皇居外苑の桜田門

『古事類苑』の編纂

明治二十八年（一八九五年）五月七日、千九郎は、『古事類苑』の編纂に携《たずさ》わるために、妻子を京都に残したまま単身で上京しました。そして、麹町の英国大使館横の下宿屋に、月六円の家賃で契約します。

到着後、すぐに編修員のところへ挨拶《あいさつ》に行く予定でいた千九郎ですが、手元には手土産を買うお金も残っていません。下宿の契約で思っていたよりも諸費用がかかってしまったためでした。困った千九郎は、弟の長吉を訪ねて相談します。

話を聞いた長吉は、自分の時計と袴《はかま》を差し出し、「これを質屋に持っていけば、少しは金が借りられる」と言います。しかし千九郎には、質屋になど行った経験がありません。長吉は、「よう行かん」と渋る千九郎を質屋に連れて行き、表で待たせておいて一円五十銭を借りてきました。そのお金で千九郎は手土産を買い、編修員に挨拶に行くことができました。

『古事類苑』編纂の仕事は原稿の作成です。俸給制ではなく、八百字詰めの原稿用紙を一枚六十銭で買い取るという請負制《うけおいせい》でした。百枚書けば六十円にもなる計算です。

一人でやっていては効率が悪いと考えた千九郎は、助手として写字生を五、六人雇います。千九郎は、彼らを連れて、上野の図書館（現在の国立国会図書館）や東京帝国大学の図書館、宮内省図書寮《ずしょりょう》などに行き、古今内外の書籍を片っ端から読みあさります。少ないときで十数冊、多いときには数百冊の書物を調べ、その中から必要な箇所の筆写を助手たちに指示します。千九郎はそれに基づいて次々と原稿を作成していきました。

史学、国学、漢学など豊富な知識を持っている千九郎です。仕事のコツを掴《つか》むのに時間はかかりませんでした。京都で寺誌や『平安通志』などの編纂を経験したことも役に立ちました。

千九郎には、京都に残してきた妻と子を一日も早く呼び寄せようという思いがあったことでしょう。一心不乱になって仕事に励むのでした。

千九郎が通った上野の図書館は、明治三十九年に帝国図書館になり、その後、国立国会図書館支部上野図書館になった。現在は国際子ども図書館

Shigenobu Ōkuma (1838－1922)
●大隈重信《おおくましげのぶ》（1838~1922）
明治35年、廣池は政界の重鎮でもあった早稲田大学の
創立者・大隈重信、学長・高田早苗と面会、早稲田大学講
師に招聘《しょうへい》された。テロのために足が不自由になった大隈が
つと立って「先生、よく来た。実に感謝にたえません」と
いって、無名の廣池を迎えてくれたので、廣池は感激した
という。
古事類苑
政治部三
古事類苑
政治部四
古事類苑
法律部一
古事類苑
法律部二
古事類苑
法律部三
古事類苑
外交部

千九郎の自己反省

『古事類苑』は、明治から大正にかけて編纂された、わが国最大の百科事典です。完成時には、洋装本で全五十一冊、和装本で三百五十冊という膨大なものになりました。

本書は、日本の古代から慶応三年までのあらゆる書籍、図画や古文書などを原文のまま写し取って整理分類し、神祇《じんぎ》部、宗教部、帝王部、政治部、法律部など三十部門を立て、さらに細目に分け、それぞれの事項の由来などの沿革を明らかにしたものです。その事項はおよそ二万七千、八万項目に及びました。

明治二十八年（一八九五年）八月、千九郎は、神宮司庁《しちょう》より辞令を受け、正式にこの『古事類苑』の編修員となります。

翌九月に、妻と子を京都から呼び寄せることができた千九郎は、さらに経済的な苦境から脱しようと、無我夢中で原稿を作っていきます。

しかし、編修長・佐藤誠実《じょうじつ》の検閲は厳しく、妥協を許さないものでした。千九郎の原稿は、なかなか通過しません。

ある日、千九郎は編修顧問の井上頼圀に呼ばれ、強く注意されます。「他の編修員より学力も能力も優れているのに、なぜ粗製するのか」と。

井上の忠告で、気持ちがお金に走っていたことに気づいた千九郎は、翻然悔悟《ほんぜんかいご》、自宅の神前に伏し、心が利己的であったことを陳謝します。そして、佐藤編修長の心をわが心として仕事をすることを誓いました。

千九郎が佐藤のところに謝りに行くと、「よいところに気づいてくださった」と、佐藤はたいへん喜びます。千九郎は今までの原稿をすべて返してもらってやり直します。その後、千九郎の原稿は、佐藤の検閲を通過するようになりました。

後年、千九郎は、このときの反省を「最高道徳の自己反省の初めてであります」（『回顧録』）と述懐しています。

それ以後、千九郎は『古事類苑』完成までの十三年間を、佐藤の右腕となって働きます。そして生涯、佐藤を恩人として報恩の誠を捧《ささ》げ続けたのです。

モラロジー研究所（千葉県柏市）の廣池千九郎記念館に展示されている『古事類苑』。千九郎はこの四分の一以上を執筆した。右上は編修長の佐藤誠実

東京での生活

明治二十八年（一八九五年）九月、千九郎は、京都から妻と子を呼び寄せることができたものの生活費が足りず、麹町の下宿でしばらく過ごします。

春子は、六年前に上京していた両親と再会しました。中津で別れてから、実に八年ぶりのことです。すでに三歳になった孫の千英を見て、両親はとても喜びました。しかし、痩《や》せてしまった春子の姿に驚きます。

「決して病気ではない事をいろいろ話をしてわかってもらい、ようやく安心致したのであります。我が子を思う親心、我が身と云えども、決して粗末に致して親に心配させてはならぬとつくづく思いました」（『思ひ出』）

本郷区弓町（現・文京区本郷）に、一軒家を借りて引っ越すことができたのは十一月になってからです。ようやく親子水入らずの生活が始まりました。

千九郎は毎日、弓町の家から上野の図書館や東京帝国大学の図書館に通い、『古事類苑』の原稿作成に打ち込みました。その仕事ぶりは凄まじいものでした。「上野図書館まで行くと書生が、五人も集まって来るから、これらを相手に百冊から千冊ものたくさんの書籍を、飛ぶように読んで片づけていくので、これを見た図書館の係員等も驚いておった。国文学、漢学においては、私は十分な力を持っておった」（『回顧録』）

少しずつ収入も増え、月の平均が二、三百円にもなりました。そのころの県知事の俸給が月二百円程度だったといいますから、かなりの高給取りです。

「それでも九段から上野まで木綿袴《もめんばかま》に木綿の紋付きで、雨傘を持って、いつ雨が降ってもよいために高下駄《たかげた》で、こつこつと歩いた。九段からは円太郎馬車があって、上野までが一銭五厘であった。乗ろうかなあと思うても、まてまてと言うてめったに乗らなんだ」（同掲書）

収入の大半は千九郎の研究費と書籍代に消え、京都にいたときと変わらない質素な生活が続きます。それでも妻の春子は愚《ぐ》痴《ち》一つこぼすことなく倹約に努め、千九郎を助けました。

東京・文京区本郷一丁目に立つ樹齢六百年ともいわれるクスノキ。千九郎は毎日、この木の下を通って上野の図書館に通ったことだろう

思い出の花見

隅田川の花見でにぎわう向島言問橋付近（東京都墨田区向島）。右下は、明治三十三年一月に撮影した家族写真

明治二十八年（一八九五年）、本郷弓町に居を構えた千九郎は、『古事類苑』の仕事と、専門とする法制史研究に全精力を注いでいきます。朝五時から夜十二時まで、睡眠と食事以外は仕事と勉強という日々でした。

経済的にも安定し、明治三十年に長女のとよが、三十二年には次男の千巻《ちまき》が生まれます。「ようやく家庭らしくなり、良人も時には笑顔を見せるようになりました」（『思ひ出』）と春子は当時を回想しています。

明治三十三年四月のことです。千九郎は一家そろって花見に出かけようと言います。行き先は桜の名所向島《むこうじま》。弓町の家から五キロほどの道のりです。

留守番を隣のおばあさんに頼み、千九郎たちは、朝八時に家を出ました。本郷三丁目から鉄道馬車で浅草の吾妻橋《あづまばし》まで行き、そこから人力車に乗って、向島の言問橋《ことといばし》に向かいました。

隅田川の河畔は満開の桜。時間も早いので人出もまばらです。千九郎たちを乗せた人力車は、桜並木の下をゆっくり進んでいきました。車に揺られながら見上げる桜の花は、どんなに美しかったことでしょう。

言問という名称は、平安時代の歌人、在原業平《ありわらのなりひら》が詠んだ、「名にしおはばいざこととはん都鳥わが思う人はありやなしやと」という歌に因《ちな》むといわれています。千九郎は三年前に、この在原業平の伝記を書いていますから、この在原の話を春子に語って聞かせたかも知れません。

千九郎たちは、言問名物の団《だん》子《ご》屋の縁台に腰を下ろします。そこで団子をひと串ずつ食べると、すっかり満足し、帰路につくのでした。

家に着いたのは、まだ昼前の十一時。あまりにも早い帰宅に、留守番のおばあさんは呆気《あっけ》にとられたといいます。

それでも、春子には、家族そろって出かけたことがよほど嬉しかったのでしょう。「一世一代ただの一度妻子を連れてわずか三時間花見をして遊びました。一生をかえりみて、楽しかった思い出の花見です」（同掲書）と書き残しています。

南海慈航餅水楊枝皆見性

雲照律師との出会い

『古事類苑』編纂に従事した千九郎が、最初に担当したのは、宗教部の仏教に関する項目です。千九郎は『漢訳大蔵経《だいぞうきょう》』をはじめ、膨大な量の仏典を徹底的に読み込みながら、原稿を作成していきました。

千九郎は、京都にいたときに、『浄土三部経』を耽読《たんどく》し感激したことがありました。その経験もあって、仏教の項目の作業を進めるうちに、深遠な釈迦の教えを真に理解したいという欲求が募ってきました。

明治二十九年（一八九六年）、千九郎は、高僧として名高い雲《うん》照律師《しょうりっし》（渡辺雲照、一八二七〜一九〇九）の門を叩きます。

律師は、京都仁和寺《にんなじ》の第三十三代住職にもなった高僧です。学徳を備え、みずから厳しい戒律を厳守する律師は、東京目白に戒律学校・目白僧園を開いていました。

「私は常に若き僧に案内されて師の前に進み、約一メートル余りくらいの所において座して三回礼拝し、立って三回礼拝するのでありました。しこうしてこの礼拝は師の合掌とともに神に対する礼拝であるのです。しかしかくのごとき礼拝の下にその教訓を聴《き》かんとするものは、道に志すことの深きものにあらざれば出来ぬことであります」（『論文』⑨）

律師は、神道・儒教・仏教の思想に一貫する真理による国民道徳の振興をめざしていました。また、皇室尊崇の念が篤く、千九郎は多くの共感を覚えます。七十歳の律師も、三十歳の若者の真摯《しんし》な求道《ぐどう》の姿に理解を示し、面会はその後も続きました。

律師は、「聖人は天災を免れ、知者は禍害《かがい》を防ぐ」「仏種縁《ぶっしゅえん》によって起こる、このゆえに一乗《いちじょう》を説く」という二つの言葉を千九郎に教示しました。

後年、千九郎は、釈迦の教えを教授してくれた恩人として雲照律師の名を挙げ、「弘法大師以来の大人格者」「日本一学徳兼備の人」と称えています。そして「私はこれによりて釈迦の真意と仏教研究の真理とに悟入《ごにゅう》することができた」（遺稿）と門人に語っています。

渋谷区西原の雲照寺に移築・保存されている目白僧園にあった護摩堂《ごまどう》。この護摩堂で、千九郎は雲照律師の説教を聴いた。右上は雲照律師

呈
廣池學兄

穂積陳重と聖徳太子像

千九郎は、『古事類苑』の編纂に従事すると共に、自己の専門学である法制史研究に打ち込み続けていました。

千九郎が研究の対象を、歴史学から法制史へと転じるきっかけとなったのは、京都時代に、法学界の泰斗《たいと》である穂積陳重《ほづみのぶしげ》（一八五六～一九二六）の論文に出会ったことによります。穂積の論文からその高邁《こうまい》な思想と高い品性を感じた千九郎は、穂積に私淑《ししゅく》し、機会あればその謦咳《けいがい》に接したいと願っていました。

千九郎が、紹介状を得て、穂積の許《もと》を訪ねることができたのは、上京してから二年ほど過ぎた、明治三十年（一八九七年）ごろのことです。

しかし、自宅を訪ねたものの、多忙を極める穂積とは、なかなか面会することはできません。千九郎はあきらめることなく十数回の訪問を重ねます。そしてようやく、わずかな時間の面会が実現しました。このとき千九郎は、自分の研究についての構想や質問などを一気に話したのでしょう。穂積は、千九郎の秀《ひい》でた能力を素早く見抜きます。

「法律学を学ぶためには、法律哲学を学ばなければならないが、あなたは田舎《いなか》にいて、よくそんなところまで気がついたなあ。私にできることは指導してあげよう」と感心し、今後の交流を約束しました。

爾来《じらい》、千九郎は指導を受けるだけでなく、穂積を道徳の師、人生の師として仰ぎ、至誠をもって奉仕しました。

穂積の研究室の机上には、聖徳太子とギリシアの法律の神であるテミスの像が置いてありました。「学者の資格は単に学力が優秀であることにとどまらず、その品性が崇高偉大で百世《ひゃくせい》の師となることにある」として、穂積は聖徳太子をとても崇敬《すうけい》していました。

大正十五年、穂積が他界したとき、遺言によりテミス像は長男の重遠《しげとお》に、太子像は千九郎に贈られました。多くの門弟がいる中で、穂積が千九郎に対して深い信頼と大きな期待を抱いていたことが、このことからもうかがい知ることができます。

穂積陳重から贈られた聖徳太子の銅像（廣池千九郎記念館蔵）。写真は法服を纏《まと》った穂積陳重

『支那文典』と早稲田大学

　千九郎が進める法制史研究は、中国古代の法律制度を実証的に解明するもので、経書《けいしょ》（儒教の経典）など中国の古典を精読する必要がありました。

　当時はまだ、漢文の語法の研究が進んでいなくて不十分な状況でした。千九郎は、大分の小川含章の麗澤館で漢学を学んだころから、この漢文法の必要性を強く感じていたのです。

　千九郎は、明治二十八年（一八九五年）ころから、法制史研究の基礎研究として漢文法の研究に取りかかりました。三十巻にも及ぶ中国の字書『説文解字』を学び、入手困難な洋書も取り寄せました。千九郎は、ドイツ人ガベレンツの『支那文典』などの原書も読破し、その研究を深めていきました。

　千九郎が試みたのは、英文法によって漢文法の規則を定めようという研究で、前人未到の分野であり、たいへんな苦労を要しました。しかし、この研究は、千九郎の学者としての地位を確固たるものにしました。

　大隈重信《おおくましげのぶ》（一八三八〜一九二二）が創設した早稲田大学では、ちょうど中国古典の文法を担当する学者を探していました。明治三十五年（一九〇二年）、千九郎は、その研究が斬新《ざんしん》かつ精緻《せいち》であることが認められ、大学の講師を委嘱されました。

　学歴を持たない在野の一学徒にすぎない千九郎を、大学の講師に抜擢《ばってき》したのは、大学首脳の高田早苗《さなえ》の見識と、大隈の英断があってのことです。

　千九郎は大隈に面会しました。足の不自由な大隈は椅子《いす》から立ち、「先生、よく来た。実に感謝にたえません」と千九郎を迎え入れ歓待しました。千九郎は大隈の謙虚な態度に感激し、その人格に傾倒するのでした。

　明治三十八年、千九郎の『支那文典』が、早稲田大学から出版されます。千九郎は、「その研究の発表を私にうながし、初めてこれを広く天下に紹介し、私の抱負を発揮させてくれたのは、実に早稲田大学であった。早稲田大学は私の学問上の恩人であり、私の学問上の慈母《じぼ》である」（『伝記』）と述べています。

早稲田大学のキャンパスに立つ大隈重信侯の銅像

千九郎の慈善活動

千九郎の収入は、明治二十八年（一八九五年）から『古事類苑』の編纂事業に従事したことにより、格段に増えていきました。

しかし、収入の大半は、研究のための専門書などの購入に費やされました。春子は倹約に努めて千九郎を助け、以前と変わらない質素な生活を送っていました。

このような切り詰めた生活の中であっても、千九郎は、機会があるごとに孤児院や養育院などの福祉施設に寄付を施しています。また、静養や研究のために旅行したときには、少しでも費用を浮かせて帰り、駅に備え付けてある慈善箱などに寄付することを常としていました。

これはその昔、二十歳のときに立てた誓いの一つ「貧弱を憐れむ」という心を、千九郎は忘れずに持ち続け実行していたといえるでしょう。

明治三十一年（一八九八年）、本郷区春木町（現在の文京区本郷三丁目あたり）で火事が起こります。火は瞬《またた》く間《ま》に燃え広がり、数千人が焼け出されるという大惨事となりました。

春木町は千九郎の住む弓町からは目と鼻の先。たくさんの人々が弓町の道路に避難してきました。

このとき千九郎と春子は、ご飯《はん》を炊《た》いておにぎりを作り、罹災者に配って歩きます。しかし、千九郎の家にあるのは一升炊きの釜だけです。それでも二人は、「その釜にて飯を炊いてはこれを握って罹災者に配付し、朝より午後に至るまで約十回ばかりも炊きかえて、これを配ったのであります」（『回顧録』）と、できる限りの援助を続けました。

この千九郎夫婦の行為は、新聞にも取り上げられました。さらに、東京府知事より感謝状が贈られています。

後年、千九郎は、著書『道徳科学の論文』の中に、「臨時の慈善事業、たとえば、天災・地変・戦争・流行病等にて一般人の困難せる場合に当たりては、無条件をもって物質的救済をなすことは人道上当然のことであります」（『論文』⑧）と、書き残しています。

平成十五年六月に装いも新たにオープンした廣池千九郎記念館（廣池千九郎記念講堂〈右上〉内）。千九郎の遺墨・遺品とともに、本郷の大火などのエピソードが精巧な人形で紹介されている

両親の東京見物

明治三十五年（一九〇二年）七月、千九郎は、郷里の中津から両親を東京に招きます。

この年、早稲田大学の講師になることが決まった千九郎は、もうすこし良い地位になってから両親を呼ぼうと考えていました。しかし、両親は共に六十三歳。何があってもおかしくない年齢です。東京に呼ぶのは今しかないと千九郎は思ったのです。

両親に会うのは、二十八年の三月に京都を案内して以来、実に八年ぶりのことです。両親にとっても初めての上京です。

父親の半六と母親のりえは、二十日間にわたって滞在しました。その間千九郎は、東京の名所旧跡を案内して歩きました。明治天皇がお住まいになる宮城（皇居）をはじめ、赤穂《あこう》義士の眠る泉岳寺《せんがくじ》、そして浅草の雷門と浅草寺など、ゆっくりと時間をかけて巡りました。

特に上野には、千九郎が仕事でよく利用する図書館や日本初の博物館と動物園、寛永寺、上野東照宮など、見どころがたくさんあります。半六とりえは、どこを見物しても飽きることはありません。博学多識《はたがくたしき》の千九郎の思いやりあふれる説明に、時の経つのを忘れるようです。

滞在中に二人は、長野県の善光寺参りに出かけます。上野駅から汽車に乗って、両親だけの旅行です。長野では、ゆっくり温泉も楽しみました。

千九郎と春子の温かいもてなしに、半六とりえはすっかり満足します。そして、かわいい三人の孫の顔も見ることができた二人は「この世に思い残すことはない」と言って、中津に帰っていきました。

りえが、急逝《きゅうせい》するのはそれから三年後のことです。親の死に目に立ち会うことのできなかった悲しみの中で、千九郎は『韓《かん》詩外伝《しがいでん》』の中にあった「樹《き》静かならんと欲すれども風止《や》まず、子養わんと欲すれども親待たず」という句を思い出します。

もしもあのとき、両親を東京に呼ばなかったら、生涯にわたって後悔するところだったと、千九郎は亡き母の姿を思い浮かべたことでしょう。

両親を東京に招いたときの記念写真（右上）。千九郎が両親を案内して訪れた浅草の浅草寺《せんそうじ》の本堂（観音堂）

大病の兆し

明治三十六年（一九〇三年）十月一日、体調を崩した千九郎は、療養のために伊豆の修善寺《しゅぜんじ》温泉を訪れます。

千九郎は、少年時代にずいぶん病気で苦しんだ経験があります。東京に出てきてからは、毎年夏になると転地療法や温泉療養に出かけていました。千九郎の場合、療養といっても『古事類苑』編纂の仕事を離れて、自分の研究に没頭するという目的もありました。

今回の修善寺温泉では、湯治《とうじ》に専念します。しかし、咳《せき》が治《おさ》まるまで、およそ二十日かかりました。一か月間逗留《とうりゅう》して帰京しますが、また咳がひどくなってしまい、一日に三時間ほど働くのが精一杯という日が年末まで続きました。

これまでの千九郎は、「厳寒《げんかん》酷暑《こくしょ》もこれを恐るることなく、朝は五時より夜は一時までも奮闘研究して、疲労も病気も押して押して押し通し、一時間も休むことなし。故に常にいかなる風邪《かぜ》も自然と抜けてしまえり」（「廣池信仰日記」、『日記』①）と、その並外れた精神力で、仕事と研究に打ち込んできました。

風邪で高熱を出したときに、医者から出された一日分の薬を一夜のうちに服用して、布団《ふとん》をかぶって発汗させて熱を下げ、翌朝には出勤するという無茶をしたために、往診に来た医者があきれて帰ったということもあったといいます。

このように、長年にわたって酷使してきた千九郎の体は、もはや限界にきていました。

翌三十七年、新年を迎えた千九郎は、早々にインフルエンザに罹ります。高熱が続いたため、かなり衰弱してしまいました。

三月中旬、千九郎は再び修善寺温泉を訪れて療養します。温泉が効いたのか、半月ほどかかって咳は治まりました。しかし、千九郎は症状が少しでも良くなると、すぐに書物を取り出して勉強を始めます。するとまた、ついつい無理をしてしまうのです。このようなことを繰り返すうちに、千九郎の体は、坂道を転がるようにして、ますます悪くなっていくのでした。

伊豆最古の温泉である修善寺温泉。八〇七年、弘法大師が湧出《ゆうしゅつ》させたと伝えられる霊泉、桂川《かつらがわ》の独鈷《とっこ》の湯

キリスト教への関心

千九郎は、浄土真宗の信仰心の篤い両親の影響を受けて育ちました。そのため、子どものころから、神仏を敬うことはもちろんのこと、宗教に対しても強い関心を持っていました。

京都で生活していたときには、寺誌の編纂の仕事などで、多くの仏典に接しました。特に『浄土三部経』を読んでその経文の真理に深く感激した経験がありました。また、京都に同志社英学校を創立した新島襄《にいじまじょう》の信仰したキリスト教にも興味を抱き、聖書も繙《ひもと》きました。

上京してからは、『古事類苑』の編纂に携わり、宗教部の執筆を担当するようになって、宗教への思いはさらに強まっていきます。仏教の神髄《しんずい》を極めようと、高僧・雲照律師の門を叩いたのもそのためです。

キリスト教に関しても、聖書を読んだり、近所の弓町本郷教会や、お茶の水にある正教会・ニコライ堂などにも足を運び、海老名弾正《えびなだんじょう》など有名な牧師の説教を聞いています。

明治三十七年（一九〇四年）、前年から体調を崩していた千九郎は、再び伊豆の修善寺温泉を訪れ、療養していました。

四月初旬、千九郎は修善寺ハリストス正教会の復活祭に誘われて参加します。復活祭は、十字架にかけられたキリストが、三日目に復活したことを祝う日です。この教派では、復活祭を最大の祭日として祝います。

祭典は、深夜から始まりました。司祭と信者たちが蝋燭《ろうそく》の光の中で、聖歌を歌い、祈りを捧げます。そのようすを見た千九郎は、深い感銘を覚えます。

「なぜならば、私は久しく都会に住んでいて、このような質素で無造作な会合に参加したことはなく、また平和と平等と親愛の情が、こんなに盛んな会合に参加したこともなかったからだ」（『伝記』）。

それまで宗教を研究の対象としか見ていなかった千九郎に、大きな心境の変化が生じます。自分の病気が深刻な状態になっていく中で、宗教をみずからの信仰の対象としてとらえるようになっていくのでした。

千九郎が復活祭に誘われた修善寺ハリストス正教会顕栄聖堂《けんえいせいどう》。この教会は明治四十五年に建築された

妻・春子への手紙

明治三十七年（一九〇四年）、前年から体調を崩していた千九郎は、三月中旬から伊豆の修善寺温泉で湯治に専念していました。ひと月半の療養で、酷《つら》かった咳も治まり熱も引いたため、千九郎は、快癒《かいゆ》したと判断して東京に帰りました。

ところが、十日も経たないうちに再び熱が出てしまいました。仕事に没頭し、つい無理をしてしまったのかも知れません。頭、胸、胃腸など体の神経すべてに不快感を覚えるほど深刻な症状です。千九郎は、仕事の段取りを整え、今度は熱海温泉へと向かいました。

しかし、熱海で療養しても、発熱を繰り返し、なかなか良くなりません。思うようにならない自分の身体に、千九郎は焦燥《しょうそう》感《かん》を募らせます。四人の子どもたち（千英、とよ、千巻、富）と共に、家で快復を待っている妻の春子の不安を思うと察するに余りあります。

千九郎は、そんな春子を気づかい、熱海から二通の長い手紙を書いて送っています。そこには、自分の体調のことや日々の食事の様子などが事細かに記されています。そして、近く発表を予定している東洋法制史の研究が成功することは間違いないということや、自分の身に万が一のことがあったとしても、先々のことは心配しないように、といったことが切々と書かれています。

今まで、家族を顧《かえり》みる時間さえも惜しむようにして、がむしゃらに仕事と研究に打ち込んできた千九郎でした。ところが、この手紙の行間には、千九郎が本来持っているやさしさと、妻への思いやりが満ち溢《あふ》れているのでした。

この二通の手紙は、昭和二十八年に春子が亡くなった後、遺品の中から出てきました。春子が、肌身離さず身に付けていた帯揚《おびあ》げの中に、しっかり縫い込まれていたのです。

春子が、夫の成功をひたすら念じ、艱難辛苦《しんく》の人生を乗り越えることができたのも、この二通の手紙が心の支柱となっていたからでしょう。

熱海の海岸（静岡県熱海市）。千九郎は、この砂浜を散歩しながら家族のことを思い浮かべたことだろう

禅の修養

　明治三十七年（一九〇四年）、千九郎は、伊豆の熱海温泉で病気療養に専念していました。しかし、病状は悪化の一途をたどり、生死の境をさ迷うような状況に至りました。

　一時は、死を覚悟した千九郎ですが、なんとか峠を乗り越え、一命をとり止めました。しかし、このころから、千九郎の精神生活は大きく変化していきます。

　若いときから仏教やキリスト教に関心を持ち、書物などを通じて勉強をしてきた千九郎です。『古事類苑』の編纂で宗教部の執筆を担当したことにより、さらに教理経典への理解が深まりました。それでも「その時分《じぶん》は、信仰という心は少しもなかった」（『回顧録』）といいます。

　ところが、大病を体験したことで、「しきりに信仰を求めたのである」（同掲書）と、心境に変化を来《きた》しました。もはや書物や説教だけでは満足できなくなっていたのです。

　明治三十八年夏、千九郎は、〝信仰〟という知的理解を超えたものを求めて、鎌倉の禅寺へ赴《おもむ》きます。そこで約一か月間、病後の身体でありながら座禅を組み、禅の修養を試みます。

　千九郎は、当時、『古事類苑』の仕事だけでなく、早稲田大学専任講師として講義を受け持っていました。また、専門の法制史研究は、長年の研究成果を『東洋法制史序論』として発表する最終段階にきていました。

　さらに、恩師の穂積陳重博士の依頼を受けて「大宝令《たいほうりょう》」（七〇一年につくられた日本最古の法典）のドイツ語訳の仕事も手がけていたのです。

　このような状況の中にある千九郎が、まったく雑念を捨てて、禅の修養に没頭することに無理があったのでしょうか。千九郎は、「どうしても自分の精神上に神とか仏とかを認むることができなかった」（『回顧録』）と、このときの心情を吐露《とろ》しています。しかし、この経験は無駄ではありませんでした。おのれの魂を見つめたことで、信仰への関心はさらに強まり、神仏を求め続けることになったのです。

源氏山《げんじやま》公園（神奈川県鎌倉市）から見た景色。一方が海に臨み、三方が山に囲まれた鎌倉には、数多くの禅寺がある

四、学位の取得と求道者としての歩み

内
NO

神宮皇学館教授就任

明治三十八年（一九〇五年）十二月、千九郎は、長年にわたって打ち込んできた法制史研究の成果を、『東洋法制史序論』としてまとめ、早稲田大学から出版しました。

この「東洋法制史」という言葉は、千九郎が日本で最初に使用した学術用語です。千九郎自身、学問の新分野を開拓したという自負心と自信を持っての発表でした。この比類なき学説は、同時期に出版した『支那文典』とともに、学界から高い評価を受けます。

国家的事業である『古事類苑』の編纂を、その中核となって仕事をしていた千九郎の存在は、すでに学者の間では評判となっていましたが、本書の出版でさらに注目を浴びるようになりました。

千九郎は、伊勢の神宮皇学館（明治十五年設立）の桑原芳樹館長から直接に教授職の要請を受けます。神宮皇学館は現在の皇学館大学の前身で、神官の養成を目的とした内務省管轄の官立高等専門学校でした。

当時の千九郎は、恩師の穂積陳重博士から学位取得を勧められていました。『古事類苑』の編纂も終盤に近づいていたため、千九郎は穂積を訪ねて進路を相談します。

穂積は、学歴も学閥《がくばつ》も持たない千九郎の将来を考慮して、「任官なされるがよろしい。任官の手続上、全部の著書を内務省に提出なさい。官閥学閥は無いより有る方が学位を取るにも都合がよろしい」（『思ひ出』）と千九郎を諭《さと》しました。

明治四十年六月、辞令を受けた千九郎は単身伊勢に向かいます。伊勢の神宮には、皇室のご祖神である天照大神《あまてらすおおみかみ》が祀《まつ》られています。敬神の念の強い千九郎にとって、まさに理想の地への赴任でした。

千九郎は、大正二年に退官するまでの約六年間、この皇学館で教鞭《きょうべん》を執りました。その間に行った講義科目は、古代法制、東洋家族制度、帝国憲法、東洋地誌、国史（太古史）、歴史研究法、中国民族史、神道史など多岐《き》にわたりました。

神宮皇学館の跡地（三重県伊勢市）。現在は神宮司庁工作所となっている

八議
親 謂皇家
故 謂故舊
賢 謂有大德
能 謂有大才業能整軍旅蒞政事
功 謂有大功勳
貴 謂有貴爵
勤 謂有大勤勞
賓 謂承先代

辟 立事立功奏請議在議帝心裁
八 免皇祖免死罪
義 上取親以義
內 睦親族
外 九族萬叶
曾 舊宿
子 身修
人 行君
備 治國
乃 事能斬宇

失殺
親疎關係
罪一等二等

佐藤誠実の『故唐律疏議』

明治四十年（一九〇七年）十一月九日、『古事類苑』編纂事業の終了式が行われました。すでに神宮皇学館に教授として赴任していた千九郎は、伊勢から帰京し出席しました。

全巻の発行が完了するのは、まだ先の大正三年になってからのことですが、ようやく完成の見通しがついたのと、編修長の佐藤誠実が高齢なうえ、体調を崩《くず》していることを考慮し、終了式を早めたのです。

この『古事類苑』の編纂は、二十八年前の明治十二年に始まった国家的事業です。しかし、途中で幾度も暗礁《あんしょう》に乗り上げ頓《とん》挫《ざ》しそうになりました。管轄も文部省から東京学士会院、皇典講究所、そして神宮司庁へと変《へん》遷《せん》してきました。

佐藤はこの難事業に当初から取り組み、その卓越《たくえつ》した学識と人徳をもって完成へと導いた大功労者なのです。

千九郎が編纂に参画したのは、佐藤が編修長に就任した明治二十八年のことでした。爾来十三年間、千九郎は佐藤のもとで従事し、艱難を共に乗り越えてきました。

この間、千九郎は佐藤から、古典的考証学の方法を徹底的に学びました。さらに佐藤が仏門出身で仏教に造詣《ぞうけい》が深かったことから、仏教の神髄にも触れることができました。

千九郎は、編纂の仕事と専門学の法制史研究によって、学者としての実力を確実に身につけてきました。そして、その能力を遺憾なく発揮し、佐藤の右腕となって『古事類苑』の完成に大きく貢献したのです。

佐藤は終了式の当日、千九郎の長年にわたる労をねぎらい、愛蔵していた古書『故唐律疏議《ことうりつそぎ》』を贈ります。これは、中国でも絶えてしまったというたいへん貴重な本です。そこには、千九郎の法制史研究の大成を願う、佐藤の愛情が込められていました。研究の大詰めを迎えていた千九郎は、恩師の慈愛を噛《か》みしめ、今後の励みとしたことでしょう。

翌年の三月、佐藤は上野の自宅で静かに息を引き取ります。

佐藤誠実から贈られた『故唐律疏議』と編纂終了の記念写真（右上）。前列左から二人目が佐藤誠実、後列右から二人目が廣池。佐藤はこの翌年の明治四十一年三月、七十歳の生涯を閉じた

日本帝國海外旅券
第壹壹七貳五九號
大分縣下毛郡鶴居村二百三十三番地平民牛六長男
廣池千九郎
慶應二年三月二十九日生
右ハ清國ヘ
赴クニ付通路故障ナク旅行セシメ且必要ノ保護扶力
與ヘラレン事ヲ其筋ノ諸官ニ希望ス
護照
給護照為此
行不得留難阻滯須至護照
光緒
計開
欽差大臣

中国調査旅行

明治四十一年（一九〇八年）、千九郎は、学術調査のために韓国と清国（現中国）を約一か月間にわたって旅行します。

千九郎は、法制史研究で学位を取得するため、穂積陳重博士の指導を仰ぎながら提出論文の執筆に取り組んでいました。

文献など膨大《ぼうだい》な資料を通じて研究を蓄積してきた千九郎ですが、その集大成として現地に赴き、実地に調査したいという願望を常に抱いていました。

折も折、北京公使館に一等書記官として駐在している従弟の阿部守太郎が、在官中にぜひとも遊学するよう勧めてきたのです。阿部は千九郎の七歳年下ですが、無二の親友として、事あるたびに助け合ってきました。

千九郎はまたとない好機と感謝して受け止め、さっそく渡航の手続きを進めます。ところが出発間近、心臓病で伏していた次男千巻の容体が悪化します。万が一のことを考えて躊躇《ちゅうちょ》する千九郎を、妻の春子は「時期が時期だから行っていらっしゃい。この時期をはずしたら、今度はいつ行けるか分かりません。あとは私がお引き受けします。決して決してご心配なさいますな」（『回顧録』）と気丈に振る舞い、千九郎を励まします。

三月十六日、千九郎は運を天に任せる思いで、船が出る九州の小倉に向かって出発します。

その途中、千九郎は京都に立寄り、富岡鉄斎に渡航の挨拶をします。中国行きをわが事のように喜んだ鉄斎は、遊学成功の祈りを込めて、扇面《せんめん》に画と漢詩を描き、千九郎に贈ります。

調査は、韓国を皮切りに中国国内を何か所も移動して行われていきました。千九郎は、多くの成果を確実に得ていきました。

北京の孔子廟《びょう》を訪れた千九郎は、孔子と高弟の顔回《がんかい》などの子孫が、現在に至るまで連綿と存続し、今日も人々の崇敬を受けている事実に驚嘆します。このことによって千九郎は、年来の研究課題の一つである皇室の万世一系の原因が、皇祖天照大神と歴代天皇の高い道徳性にあるということに確信を得るのでした。

富岡鉄斎から贈られた扇面（中央）と、千九郎が使用したパスポート（左下）、そして清国の入国査証（右下）

伊勢神宮序
掛巻も畏き
伊勢神宮の御事を記し奉る正しき書の世に出でむこ
とは久しく吾れ人の望む所なりしもさりとてかゝる
おほけなきわざに從ふ人はしも其人物と學問と兩な
がら世に聞え人に許されたるものにあらざれば却り
て
神德を瀆し奉る恐あるものなり廣池千九郎ぬしは九
州の人にて帆足萬里翁の學統を傳へ文字文典訓詁の
學に長じ殊に經書歴史制度の學には極めて深く凡そ
當時漢學に於ては天が下に並ぶもの幾人もなく、皇
國の學は予の門に入りて四大人の正しき道を傳へ研
鑽の勞歲を累ね記紀萬葉より律令格式に至りては特
究覽
伊勢神宮

『伊勢神宮』の発行

明治四十一年（一九〇八年）十二月、千九郎は、神宮と皇室と国体の関係を論究した『伊勢神宮』を自費で出版し、大隈重信、穂積陳重、井上頼圀などに贈呈しました。同書は、翌年三月に、早稲田大学出版部から増補版として公刊されます。さらに皇室に献上されて、明治天皇、皇后両陛下の天覧を賜《たまわ》りました。

本書で千九郎は、伊勢神宮と皇室と国体の関係を論じることにより、日本の国体の特質を明らかにして、国民道徳の淵源《えんげん》を示しました。ここでいう国体とは〝万世一系《ばんせいいっけい》の天皇によって統治される日本の国柄〟を意味しています。

千九郎の皇室研究は、明治三十年ごろに『古事類苑』編修顧問の井上頼圀から、「日本の皇室が万世一系であるのはなぜか。法律に通じ、和漢の学に秀《ひい》で、敬神家である君にぜひ研究してほしい」と言われたことが端緒《たんちょ》であり、大きな原動力となりました。

もともと千九郎は、十七歳のときに漢学者・小川含章の影響を受け、皇室と日本の道徳的精神との関係性について確固たる信念を持っていました。千九郎が歴史家を志し、京都で『史学普及雑誌』や『皇室野史』を、みずから発行してきたのもその表れです。

千九郎は、神宮皇学館に奉職したことで、神宮の研究を深め、さらに、「皇室の万世一系の原因は天照大神と歴代天皇の高い道徳性にある」ということを、中国調査旅行で確信し得たとして、この『伊勢神宮』を著したのです。

恩師の井上頼圀は、本書に序文を寄せ、その中で、千九郎の博識篤学《はくしきとくがく》と敬神《けいしん》の念の篤い人柄を紹介し、「まさに予の年来言わんと欲するところを言い、予の年来論ぜんと欲するところを論じて遺憾《いかん》なし」（『論文』⑩）と称賛しています。

『伊勢神宮』は、青年時代からの千九郎の信念と、皇室の万世一系の研究、ならびに道徳の研究の集大成といえるものです。同時に、千九郎の後半生の思想を形づくる原点ともいえる意義ある著書なのです。

※明治四十二年は、第五十七回式年遷宮の年であり、本書は広く社会に迎えられた。

伊勢神宮の宇治橋の夜明け。神宮皇学館の教授だった千九郎は、事あるたびに神宮を参拝した。写真右上は天覧『伊勢神宮』

学位への挑戦

千九郎は、明治四十年（一九〇七年）に、伊勢の神宮皇学館の教授に就任しましたが、単身赴任のため、二見浦《ふたみがうら》の旅館に下宿しての生活でした。

皇学館での仕事は、週に五、六時間教壇に立つだけです。他の時間は、気兼ねなく自分の研究に費やすことができます。千九郎は、学位の取得をめざして提出論文の作成に取り組みました。長年にわたって収集してきた資料を使い、昼夜を分かたず論文作成に集中しました。

当時の日本の学位は、「一、帝国大学大学院ニ入リ定規ノ試験ヲ経タル者又ハ論文ヲ提出シテ学位ヲ請求シ帝国大学分科大学教授会ニ於テ之ト同等以上ノ学力アリト認メタル者　二、博士会ニ於テ学位ヲ授クヘキ学力アリト認メタル者」（学位令・第二条〈明治三十一年勅令第344号〉）に対して文部大臣が授与するものでした。その審査はたいへん厳しく、学位を取得するのは、今日と比較にならないほど困難なことでした。ましてや、学歴も学閥もない千九郎にとっては、難事中の難事といえます。

千九郎は、独学苦学の長い道のりを歩み、学者として数々の論文や書物を著し発表してきました。さらに、国家的事業である『古事類苑』の編纂に携わりながら、東洋法制史という新しい学問分野を独り地道に開拓してきたのです。千九郎は、みずから切り開き、情熱を注いで研究してきたこの学説で学位に挑みます。

明治四十一年に行った、韓国と中国での実地検分では、多くの収穫を得ることができました。そのときの貴重な調査結果が、提出論文の中に確実に生かされていきます。

明治四十三年六月、論文「支那古代親族法の研究」を脱稿します。千九郎は、これを主論文とし、副論文「支那喪服制度の研究」と『韓国親族法親等制度の研究』（明治四十二年公刊）の二編を添えて、同年十一月、東京帝国大学に提出します。

このとき、千九郎の胸中には、艱難辛苦を共にした妻の春子の姿が浮かんだことでしょう。

千九郎が単身で赴任生活を送った二見浦にある「夫婦岩」（三重県伊勢市二見町）

教派神道の研究

明治四十年（一九〇七年）、学位論文の執筆に精根を傾けていた千九郎は、このとき言い知れぬ不安を抱えていました。

三年前に大病を患《わずら》った身体は、「全身の神経衰弱すでにその極度に達し、夜間静かに寝に就きて眼を閉ずるときには、その心身の衰弱を感ずることはなはだしく」（『回顧録』）というほど深刻な状態だったのです。

積年の東洋法制史研究が大成するというこの時期に、千九郎は、目の前から希望の光が消えていくような思いだったことでしょう。

それでも、千九郎は勇気を奮い起こし、心身の静養に努めながら、神宮皇学館での講義をこなし、学位論文の執筆に集中するのでした。

明治四十一年、神宮皇学館では、それまでなかった神道史を正課として新たに設けることになります。その担当教授として、千九郎に白羽の矢が立ちました。

千九郎の専門は法制史です。しかし、国学者・井上頼圀の門人であり、『古事類苑』の編纂に長年従事してきたため、多くの国書を深く読んだ経験があり、神道に通じていました。千九郎は、神道史を研究することは極めて重要であると考え、担当を引き受けます。

千九郎は、神道の研究を進めていくうえで、天理教、黒住教《くろずみきょう》、金光教《こんこうきょう》など教派神道十三派についての調査を始めました。

千九郎が止宿《ししゅく》する旅館の従業員に、熱心な天理教の信者がいました。病気がちな千九郎の世話をする献身的な仕事ぶりに、常々感心していたのです。千九郎はその従業員を通じ、地元の教会長の矢納幸吉《やのうこうきち》と出会います。

矢納会長は「天性はなはだ才知に富み、学問上の素養もあり、儒教や心学道話に通じていた。その信仰に至っては実に深遠雄大で、しかもきわめて常識に富んでいました」（『伝記』）という人格者でした。矢納会長と会うたびに千九郎の心身は癒《いや》され、大きな安らぎを感じます。千九郎の知的探求心は、天理教という未知の宗教へ向けられていくのでした。

伊勢市古市町の町並み。明治四十二年、千九郎は二見浦からここに移り住み、教派神道の研究を深めていった

YAMAHA

誠の心を求めて

　地元の天理教教会長の矢納幸吉と出会った千九郎は、その魅力ある人柄に強く惹かれました。千九郎は、仕事と研究の合間を縫《ぬ》っては教会を訪ねます。矢納は歓喜して千九郎を迎え入れ、みずから料理をしてご馳走するのでした。

　料理といっても特別のものではありません。豆腐のオカラやお粥など質素なものです。しかし、千九郎は不思議と身も心も癒されました。

　千九郎は、矢納から天理教の教理や教祖の事跡などの教えを受けていきます。その中で千九郎は、矢納が説く「誠の心」というものに強い関心を持ちます。今まで千九郎が考えていたものよりも、より具体的で深い意味があることに気づいたのです。

　千九郎は、この「誠の意味」と「誠の心」を体得するにはどうしたらよいのか、その方法を矢納に質《ただ》しました。矢納は、「実際に病人を助けてみればわかります」と即答します。

　明治四十三年（一九一〇年）、千九郎は矢納に案内されて、二《ふた》見今一色《みいまいしき》の集会所に出かけます。そこで、長年病気で寝たきりだという婦人を助けるように求められます。矢納は、この「病人に、道徳心を注入してその精神を改革し、あわせてその肉体の病を自発的に治癒《ちゆ》させよう」（『伝記』）というのです。

　千九郎の知識や学力を持ってしても、目の前の病人を救うことさえできません。ましてや千九郎自身も病気で苦しんでいるのです。千九郎は悩みます。

　そのとき千九郎は「たとえわが身がどうなっても、この難病人の心を助けさせていただきたいと思わず知らずに神様に願いました」（同掲書）。

　千九郎はその後も、三、四日ごとに今一色の婦人のもとに通い続けます。千九郎の至誠が神に通じたのか、二か月後には婦人の手足は動くようになり、やがて自立歩行ができるまで快復したのです。

　千九郎は、このとき初めて「誠の心」を体験するとともに、矢納の千九郎に対する苦労と犠牲を自覚したといいます。

千九郎が、病人を助けるために訪れた今一色の船着き場。（三重県伊勢市二見町今一色）

神社港での反省

明治四十三年（一九一〇年）、千九郎が、天理教教会長の矢納幸吉の言う「誠の心」を求めて、二見今一色の病人のもとへ通っていたときのことです。

千九郎の住む宇治山田から、入海《いりうみ》に隔てられた二見今一色へ行くには、途中の神社港《かみやしろ》から渡し船を使うのが近道でした。

その日は風雨の襲来を予感させるような悪天候でした。千九郎はいつものように神社港で渡し舟に乗ろうとすると、船頭が悪天候を口実に、規定の数倍の料金を要求してきました。千九郎は、値切りはしなかったものの、その料金が不当であることを厳しく詰問《きつもん》しました。

船頭はしぶしぶ船に乗り込むと、岸に立つ千九郎に向かって、船をつなぎ止めてある綱を外して、船中まで投げ入れるように言います。

千九郎は、言われたように綱を投げ、同時に船に飛び乗ります。ところが、綱は船に届かず水中に落ちてしまいました。すると船頭は、先ほど難詰《なんきつ》された腹いせもあってか、千九郎の失敗を口汚く罵《ののし》るのでした。

千九郎は、船頭の漕《こ》ぐ船に揺られながら、事の起こりは、自分が最初に船賃が不当だと憤慨《ふんがい》したことから始まったのではないかと考えます。

そして、「人間社会の正義より観れば、私と船夫との善悪は明らかなれど、神様の心を体得して人心救済を行うところの私の精神から観れば、その時の私の精神作用及び行為は、極めて不当である」（『回顧録』）と、深く反省したのです。

さらに千九郎は「すべて社会の紛擾《ふんじょう》（紛争）も、個人の肉体の疾病も、皆かかる人間社会の正義を標準とする道徳観念の衝突から起こるのである（中略）人心救済はその根を断とうとする神の事業である」（同掲書）と悟ります。

千九郎は、神と船頭に心から謝罪し、船賃の他に若干《じゃっかん》のお金を払って船を降ります。これは、深い真理に気づかせてくれた船頭への感謝の気持ちでした。

その後、船頭は千九郎の身分を知り、船を利用するたびに尊敬を払うようになりました。

千九郎が船頭と問答した神社港（三重県伊勢市）。対岸が二見町の今一色地区

奉

修学旅行の引率

明治四十四年（一九一一年）の十月下旬、千九郎は、神宮皇学館の学生を引率して、関東方面へ修学旅行に出かけました。

見学地では、引率する千九郎が、みずから案内し解説していきます。史実には、幸福への道しるべとなる貴重な教訓があることを、ぜひとも若い学生に伝えておきたかったのです。

栃木県の日光市では、徳川家康公を祀《まつ》った日光東照宮を訪れました。有名な陽明門は、完ぺきなまでに豪華絢爛《ごうかけんらん》な装飾が施された芸術的建造物ですが、十二本の柱の内、一本だけ逆さに模様が彫られている柱「逆柱」があります。千九郎はそれを詳しく紹介し「満つれば闕《か》くる」という戒《いまし》めを説いています。

約四十キロメートルにもおよぶ街道沿いに、およそ一万五千本の杉の木が植えられている日光杉並木も有名です。これは、徳川家の重臣・松平正綱《まさつな》が家康の三十三回忌に寄進したものです。当時は、他の大名と違って安価な苗木だったために嘲笑《ちょうしょう》されたといいます。しかし、二十年の歳月を費やし植林し続けたため、今日のような立派な並木道となったのです。千九郎たちはここも訪れ、正綱の先見の明と至誠心を学びました。

並木道は今市市《いまいち》（現・日光市）へと続き、そこには、二宮尊徳が眠る二宮神社があります。その文庫に所蔵される二千五百冊もの尊徳の著書の中から、千九郎は、精神的教訓を記した「悟道《ごどう》編」を紹介しました。形に表れた業績だけでなく、尊徳の真精神、慈悲の心を伝えたのです。

さらに東京では、憲法学の泰斗である穂積八束《やつか》を訪ね、特別に憲法の講義を学生と共に受けました。八束は千九郎の恩師・穂積陳重の弟です。

八束の皇室を中心とした憲法解釈と主張を、将来神職に就く学生たちに、どうしても聞かせておきたいという思いが千九郎にはあったのです。

この旅行で学生たちは、博学多識な千九郎の説明に驚くとともに、将来を案じる慈愛に満ちた教えの数々を、心に刻みつけたことでしょう。

今市報徳二宮神社（栃木県日光市）。二度にわたってこの神社を訪れた千九郎は、二宮尊徳が残した著書の精神的教訓に触れ、たいへん感動したという

大正元年の大患

明治四十五年（一九一二年）七月三十日、ご不例《ふれい》中であった明治天皇が崩御《ほうぎょ》されます。日本国中が深い悲しみに包まれる中、元号は明治から大正へと替わりました。

神道研究の課程で、教派神道の一つである天理教と出会った千九郎は、学者として天理教の教理の体系的研究に力を注ぎ、教育者として信徒の教育にも尽力していました。

しかし、体調は依然としてすぐれず、一進一退を繰り返していました。千九郎は、発熱し呻吟《しんぎん》するたびに、すべてを神の警告として受け止め、今までの自己の心づかいと行いを見つめ直していました。

千九郎は、長年にわたり、勉学と研究に奮闘努力し、肉体を酷使《こくし》し続けてきました。ようやく念願であった学位に手が届こうとしているのに、身体は極度に衰弱してしまい、精神的な安心が少しもありません。

しかし千九郎は、信仰を得たことによって、身体は神からの借り物であり、人間は生かされている存在であることを悟っていきました。

九月中旬より、悪化した病状がなかなか快復しません。十一月には重体に陥《おちい》り、伊勢の日赤病院に入院します。さまざまな治療を施しますが、薬石効なく容体はさらに悪化していきます。

十二月六日には、医者もなす術《すべ》をなくし「ただ死を待つほかなかった」（『回顧録』）という状態になってしまいました。徐々に視力も衰えていきます。

しかし、病室のベッドに仰臥《ぎょうが》し苦悶《くもん》する中で、千九郎は神に向かって祈願するのです。

「〈もし延命が許されるならば〉人心救済に関する世界諸聖人の真の教訓に本づくところの前人未到の真理を書き遺《のこ》し（中略）全人類の安心、幸福及び人類社会永遠の平和実現に努力さして頂きましょう」（同掲書）と。

この大患を恩寵《おんちょう》的試練として受けとめた千九郎は「我幸いにして病を得たり」という心境に達します。これが、千九郎の生涯における最大の転機となるのです。

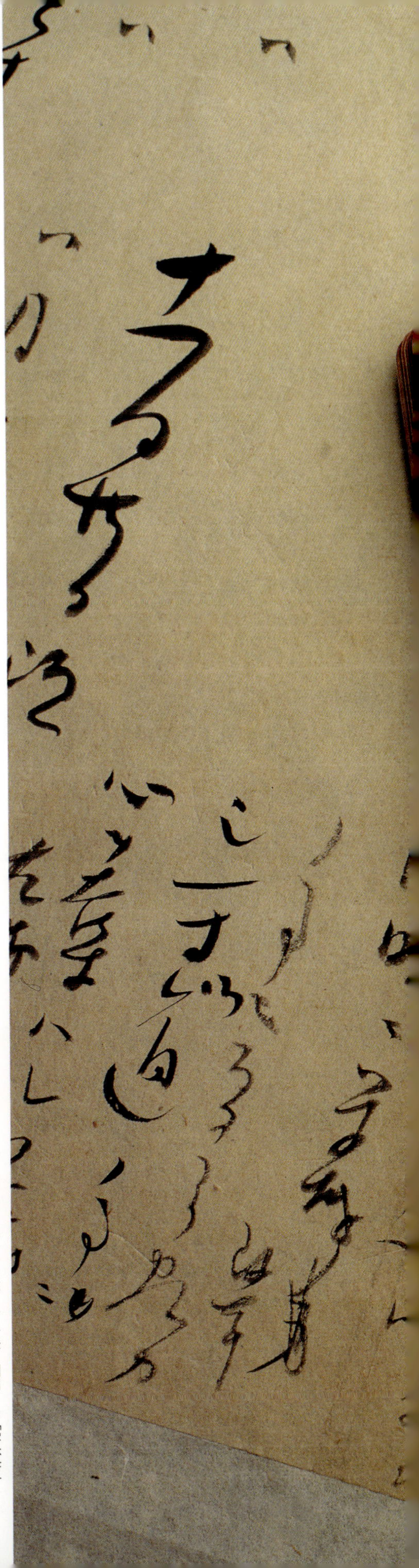
千九郎が日々の症状と心情を事細かに書き記した「廣池信仰日記」の一部と、手帳を利用した「容体書」

學位記

東京府平民

從六位 廣池千九郎

右論文ヲ提出シテ學位ヲ請求シ
帝國大學法科大學教授會ニ於テ
學院ニ入リ定規ノ試驗ヲ經タル者ト
同等以上ノ學力アリト認メタリ
明治三十一年勅令第三百四十四
位令第二條ニ依リ茲ニ法學博
位ヲ授ク

大正元年十二月十日

学位取得と内助

　千九郎が、東京帝国大学に学位請求の論文を提出したのは、明治四十三年（一九一〇年）十一月のことです。千九郎の論文審査は、三人の担当教授によって厳正かつ慎重に行われていきました。その期間は二年間にもおよびました。

　論文の最終審査は、大正元年（一九一二年）十一月の教授会で行われました。その結果、千九郎の論文は、満場一致という最高の評価で通過します。このような好成績は、過去に例を見ないというものでした。

　十二月十日、文部大臣牧野伸《まきののぶ》顕《あき》によって、法学博士の学位が授与されました。日本では百三十五人目の法学博士です。

　合格の知らせは、新聞記者によって本郷の自宅にもたらされました。そのとき記者は、博士になるような学者の家が、路地の奥にある粗末な家だったのに驚いたといいます。突然の報告に春子は、「新聞記者から博士になられたと聞かされた時には、無意識に東を拝み、西を拝み、気も狂わんばかりに有りがたい！　忝《かたじけ》ない！　と伏しおがみました」（『思ひ出』）と、まさに狂喜乱舞《きょうきらんぶ》する思いでした。

　当時は「末は博士か大臣か」といわれた時代です。立身出世の最高の栄達である博士の学位を、学歴も学閥もない学者が独学で取得したのです。このニュースに世の人々は驚嘆します。新聞や雑誌がこぞって取材に訪れます。

　伊勢で病床にあった千九郎は取材に応じ「私が今日あるをえたのは、先輩の指導誘掖《ゆうえき》、薫陶《くんとう》奨励によることはもちろんであるが、また実に荊妻《けいさい》の内助《ないじょ》が与《あずか》って力があるのである。私は先輩に感謝するとともに、より深き敬意をもって荊妻に感謝するのである」（『読売新聞』大正元年十二月十一日付）と、春子への感謝の思いを披瀝《ひれき》しています。

　春子は、結婚してから二十五年間、着物一枚求めずに、ひたすら夫の成功を願って、艱難苦難を共に乗り越えてきたのです。全国の新聞雑誌は、千九郎の偉業と等しく、春子の内助の功を称賛しました。

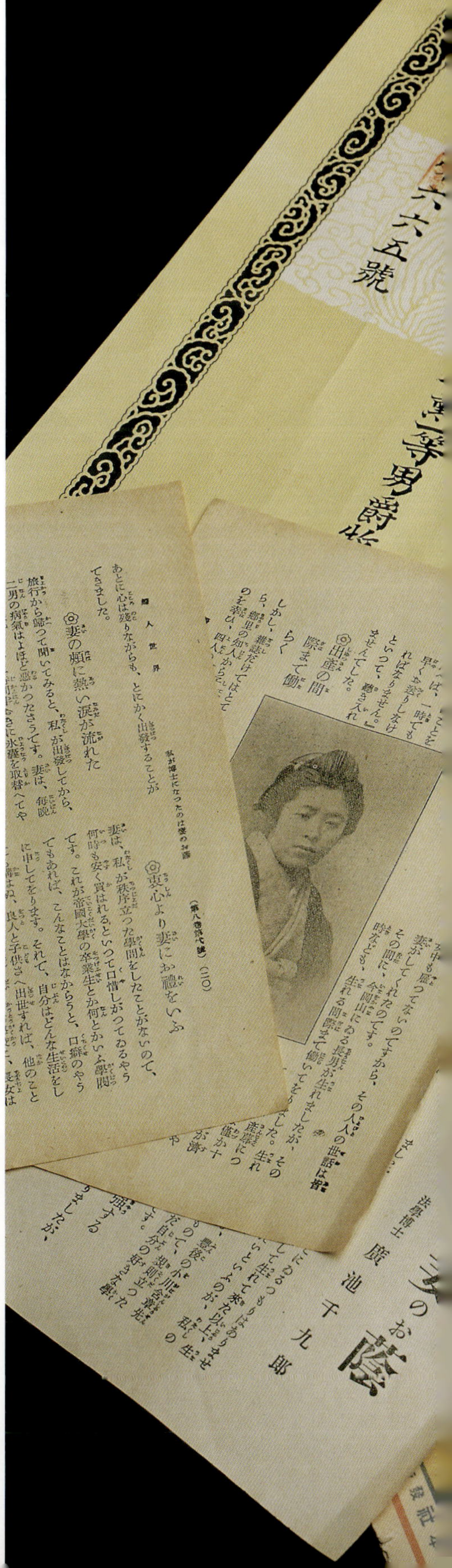

学位記（中央）と「私が博士になったのは妻のお蔭」と題した千九郎の手記が載った雑誌『婦人世界』（大正二年二月・左下）。写真は千九郎一家と親戚の人（明治四十四年一月）

学位受領記念祝賀会

大正元年（一九一二年）十二月七日、千九郎のもとに文部省から電報が届きます。待望の学位授与の通知です。生涯で最良の日となってしかるべきそのとき、千九郎は大病を患い、生死の狭間《はざま》を彷徨《ほうこう》していました。

しかし千九郎は、病床の中で、今までの生き方、心の有りようを深く反省し、この大患を神の恩寵的試練と感謝して受け止めます。そして、もし命長らえるならば、今後の人生のすべてを、人々の心の救済に捧げることを神に誓ったのでした。

千九郎の心が神に通じたのか、その日を境にして、症状は薄紙をはぐように快方へと向かっていきました。

年が明けた大正二年、千九郎は、先輩や友人から、学位受領の記念祝賀会を開くことを勧められます。千九郎の従弟で、外務省に務める阿部守太郎が世話をし、祝賀会の準備が整えられていきました。

新緑が眩《まぶ》しい晩春の四月二十八日、上野の不忍池《しのばずのいけ》のほとりにある「上野精養軒《せいようけん》」で、千九郎の祝賀会が開かれました。

出席者は、恩師の穂積陳重、井上頼圀をはじめ、千九郎の恩人や親しい友人など二十数名というささやかな祝宴です。

主賓の穂積が参列者を代表して祝辞を述べます。法曹学界の最高権威者である穂積が臨席したことだけでも、千九郎ばかりか、同席したすべての人が感激しました。

「……ご提出になった論文は、まず形のうえで博士論文中空前の大部なものであって、しかもその内容は考証が精密で議論は着実、あくまで研究の態度が真摯だった……」と、穂積は、千九郎が開拓した中国の法制史研究を高く評価しました。そして、難事中の難事である法学の博士号を全会一致で合格するということが、いかに未曾有《みぞう》の出来事であったかを紹介し、惜《お》しみない賛辞を贈りました。

穂積の言葉の一つひとつから滲み出る慈愛、その高尚なる人格に、千九郎と春子は、感涙にむせびます。参列者も感動に震《ふる》えたことでしょう。

不忍池から上野の森を望む。中央の白い建物が、千九郎が祝賀会を開いた「上野精養軒」。右下は学位授与の記念写真

阿部守太郎 非業の死

大正二年（一九一三年）九月五日夕刻、外務省政務局長の阿部守太郎は、東京赤坂霊南坂《れいなんざか》の官邸前で、帰宅するところを二人の凶漢に襲われます。

男たちは、守太郎の下腹部と大腿部を短刀で刺して逃走。守太郎は深手を負ったものの、気丈にも自力で自邸にたどり着きます。しかし、傷はあまりにも深く、駆けつけた名医による懸命な救命処置も及ばず、翌日には絶命してしまいます。まだ四十二歳という若さでした。

犯人は、日本政府の中国に対する外交姿勢に不満を抱いた右翼の青年でした。

当時の中国大陸は、辛亥《しんがい》革命（一九一一年）で清朝が滅んだ後も混乱が続き、列強による利権獲得と領土分割競争が繰り広げられていました。

外務省きっての「中国通」だった守太郎は、対中外交の中心的存在で、実質的な責任者でもありました。軍部や大陸浪人が抱く領土的野心を否定し、「暴《ぼう》を以《もっ》て暴に処するは国際の信義に悖《もと》る」という信念をもって、あくまでも日中平和の政策を押し進めていたのです。

千九郎と守太郎は、母親が姉妹という従弟同士。千九郎のほうが七歳年上ですが、若いころから無二の親友として助け合ってきました。

明治二十七年、千九郎が京都から東京に出て来たときに、後から幼子《おさなご》を連れて上京する春子に付き添い面倒を見てくれたのは、当時、東京帝国大学の学生だった守太郎でした。

明治四十一年に千九郎が中国へ学術調査旅行に渡ったのは、一等書記官として日本公使館に勤務していた守太郎の強い誘いがあったからです。

そして、この四月に催した千九郎の学位受領祝賀会も、学位取得を自分のことのように喜んだ守太郎が、親身になって世話をしてくれたのです。

知らせを受けて帰京する千九郎の瞼《まぶた》には、守太郎の面影が走《そう》馬灯《まとう》のように浮かびます。と同時に、荒廃していく世相に悲憤《ひふん》慷慨《こうがい》、国民道徳の必要性を強く感じるのでした。

阿部守太郎（右上）が二人の凶漢に襲われた霊南坂（東京都港区）

旧養徳院玄関前

天理中学校長

古神道と現代神道（教派神道）を比較研究し、天理教教理の体系的研究を進めていた千九郎は、大正二年（一九一三年）一月、天理教本部から教育顧問ならびに天理中学校の校長として招聘《しょうへい》されます。

前年の暮れに学位を取得し、晴れて法学博士となった千九郎のもとには、恩師や知人を通じて、早稲田大学や慶應義塾などから招聘の話がきていました。しかし千九郎は、それらのすべてを断り、天理教の要請に応じたのです。

天理教の管長・中山真之亮《しんのすけ》は、教祖の孫にあたり、千九郎とは同年齢でした。千九郎は、中山管長と面会するたびに、管長の慈愛あふれる人柄に感銘を受け、尊敬の念を抱いてきました。

管長も同様に、千九郎の卓越した学識、真摯な求道の姿に関心を寄せていました。時を経ずして、二人は胸襟《きょうきん》を開いて語り合う間柄となり、信頼関係を深めていったのです。

天理中学校の校長となった千九郎は、「教育の要《かなめ》は『慈悲寛大』の精神にある。人生の目的は徳性の涵養《かんよう》であり、身体の健康と才学はあくまでもその目的を達する手段に過ぎない。ただし、徳を修め、健全な身体を持っていても、学力や才知がないと、道徳を活用して天職を十分に全《まっと》うできない」（『伝記』）という信念を持って、教職員と学生に愛情を注いでいきます。講演等で学校を留守にすることの多い千九郎でしたが、その裏表のない天空海闊《てんくうかいかつ》な姿勢態度は、学生たちに慕われ、多くの感化を与えました。

ところが、大正三年十二月三十一日、千九郎の最良の理解者であった管長が急逝してしまいます。四十九歳でした。

その直後、管長の追悼講演会で行った千九郎の講演内容が、団体の一部の人々に誤解され、予測しなかった方向へと発展してしまいます。

このとき千九郎は、問題の原因は、すべて自分の不徳によるものであると深く反省します。そして、教育顧問と校長を辞任することを決意したのです。

別れを惜しむ天理中学校の教え子が、千九郎に記念写真の撮影を願い出た。千九郎は万感胸に迫る思いで学生たちに囲まれたことだろう（大正四年四月三十日撮影）

労働問題の道徳的解決

明治の日本は、殖産興業によって近代産業と資本主義が大きく発展していきました。その反面、工場労働者の低賃金や長時間労働といった、多くの社会問題も発生してきました。

特にこの労働問題は深刻でした。西洋から流れ込んだ社会主義思想の影響を受け、階級闘争として労使間の対立を激しくしていたのです。

千九郎は、労働問題を闘争という手段によって解決しようとする社会的風潮に、強い危機感を募《つの》らせていました。

天理中学校に勤めるかたわら、講演などで全国を東奔西走《とうほんせいそう》していた千九郎は、各地の工場を訪れ視察しました。そのときに労働者の痛ましい実状を目の当たりにした千九郎は、憐憫《れんびん》の情を禁じ得なかったといいます。

千九郎は、これらの労働問題を解決するには、資本家と労働者の双方に道徳的精神を注入して、共にその精神を向上させることが最善の方法であり、急務であると痛感します。

明治四十三年（一九一〇年）、千九郎は、各地の工場などを中心に、労働問題の道徳的解決を訴える講演を始めます。

特に、同郷中津出身の和田豊《とよ》治《じ》（一八六一～一九三四）が役員を勤めている、静岡県の富士瓦《が》斯《す》紡績小山《おやま》工場には、幾度も足を運びました。

和田は、倒産の危機にあった富士瓦斯紡績に明治三十三年に入り、長年、会社の建て直しに奮闘していました。和田にとっても、労働問題と従業員教育は最重要課題だったのです。

千九郎は、講演をするだけでなく、工場の従業員と親しく接し、道徳を実行すると必ず良い結果が生じることを科学的かつ平易《へいい》に説いていきました。そして、円満で平和な人格になることが、幸福への最短の道であると諭しました。

大正四年に和田が社長に就任すると、千九郎の小山工場訪問はさらに増します。千九郎は、会社からのお礼などはすべて辞退して、従業員の精神を一新するという決意を、当時の日記に記しています。

富士山の麓《ふもと》、静岡県駿東郡《すんとうぐん》小山町。右上は、社員教育のために建てられた富士瓦斯紡績の豊門《ほうもん》青年学校（昭和初期建設、のちに小山町に寄贈）

伊勢神宮と我國體
法學博士 廣池千九郎著
日本憲法淵源論 全
東洋法制史餘論之内
以印刷代謄寫
賜天覧
斯道
物質萬能主義の弊害
廣池千九郎
(一) 科學過信の害

慈悲寛大自己反省

千九郎は、神道研究の目的を、日本国体の淵源《えんげん》を探求して民族固有の道徳思想を明らかにすることに置いていました。

この研究目的と課題は、若年のころに研鑽《けんさん》を積んだ歴史学や、学者としての地位を築いた東洋法制史など、千九郎の学究活動の根底に終始一貫して流れていたものです。

明治四十二年以降、天理教の教理研究によって神道研究を深めていった千九郎は、人助けの実践、大正元年の大患、天理教の公職を辞任するという体験を通して、日本神話で伝承されている天照大神の天岩戸《あまのいわと》籠《ごも》りは、「慈悲寛大自己反省」という極めて質の高い精神であったと大悟《だいご》しました。

大正四年（一九一五年）、千九郎は、天照大神のこの精神が日本民族の道徳観を培い、法律などの基礎となっている事実を「神宮中心国体論」という論文に著します。そしてこの論文を、明治四十一年に発刊した『伊勢神宮』に加え、書名を『伊勢神宮と我国体』と改題して、あらためて出版し直しました。それほど、「慈悲寛大自己反省」という精神は、千九郎にとって重要な発見だったのです。

翌年には『日本憲法淵源論』を著し、「人類の幸福文化は、道徳即ち平和・慈悲によりて始めて得べき事と為るなり」と道徳実行と幸福の関係を科学的に展開し論じています。

さらに千九郎は、講演で全国各地を東奔西走し、道徳実行の意義、「慈悲寛大自己反省」の精神を訴えます。大正四年から十二年にかけての講演の数は、実に年平均八十四回にも及びました。

帰一《きいつ》協会、斯道会《しどうかい》、海員掖済《えきさい》会《かい》などの講演会には、学者、教育者、政治家、実業家、軍人といった日本で指導的な立場にある人々が数多く集いました。聴衆は、千九郎の該博《がいはく》な知識に基づいた講演に強い関心を寄せていきます。

千九郎が示したこの科学的な道徳思想が、当時の人々に多大な影響を与えたといっても過言ではありません。

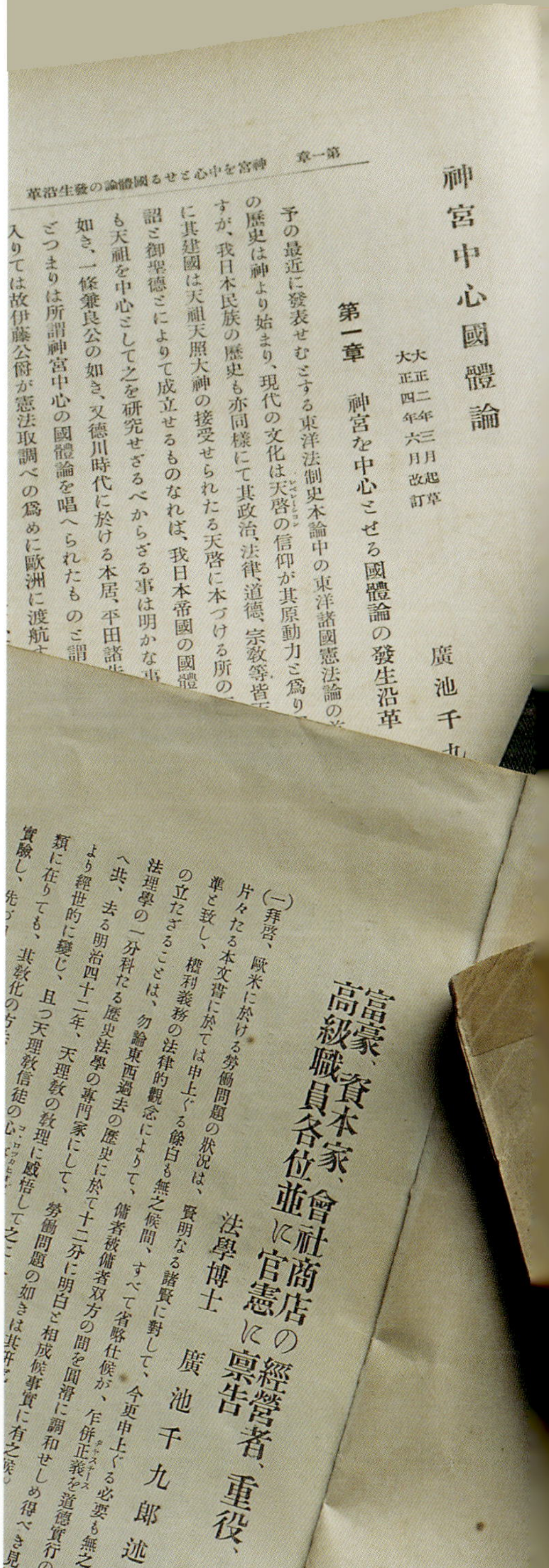

天照大神の「慈悲寛大自己反省」という道徳精神を紹介した千九郎の著書と、論説を寄稿した斯道会の会報誌。また、資本家に対して警鐘を鳴らした小冊子

編纂のお部屋

モラル・サイエンス

千九郎は、郷里の中津で教員をしていたときに『新編小学修身用書』全三巻（明治二十一年発行）を著しています。千九郎は若いころから、道徳実行の効果を示すことによって人々に道徳的自覚を促そうという思いを抱いてきました。

この問題意識は、明治四十二年（一九〇九年）ころからより具体的になり、「科学的証明を道徳に与えるということは、今日の人類を幸福に導く最大なる第一のものである」（遺稿）という考えに発展していきます。

大正四年（一九一五年）、千九郎は、長年にわたる歴史学や法学の研究に加え、みずからの道徳実践と体験を通して、道徳には極めて質の高い普遍的な道徳があることを見いだします。それは、孔子、釈迦、ソクラテス、キリストといった聖人と、日本の天照大神の事跡に共通一貫している道徳思想です。

千九郎は、これら諸聖人の示した道徳を《最高道徳》、従来の因習的道徳を《普通道徳》と名づけて比較研究していきます。

この最高道徳を見いだしたことによって、千九郎は、道徳科学（モラル・サイエンス）を学問として確立する必要があるという思いをさらに強くします。

千九郎の身体は、大正元年の大患を奇跡的に乗り越えたものの、頻繁《ひんぱん》に発熱などの体調不良に襲われる状態でした。それでも、千九郎は、労働問題の道徳的解決のための講演などで全国各地を奔走しながら、モラル・サイエンスの組織的研究と学問的確立に向け、人生のすべてを投じていきます。

大正十二年、千九郎は、病気治療のために、以前に利用したことのある静岡県の畑毛《はたけ》温泉に向かいました。その泉質が身体に非常に合ったため、温泉旅館「琴景舎《きんけいしゃ》」の離れ家を借りて長期滞在することを決意します。

千九郎は、収集してきた内外の文献や書籍をその離れ家に運び込みます。そして、病と闘いながら、最高道徳によって人類を幸福に導こうと、『道徳科学の論文』の執筆・編纂に心血を注いでいきました。

千九郎が『道徳科学の論文』の執筆・編纂に専念した畑毛温泉の旅館の離れ。現在は㈶モラロジー研究所畑毛記念館として保存されている

五、新科学モラロジーと生涯学習活動

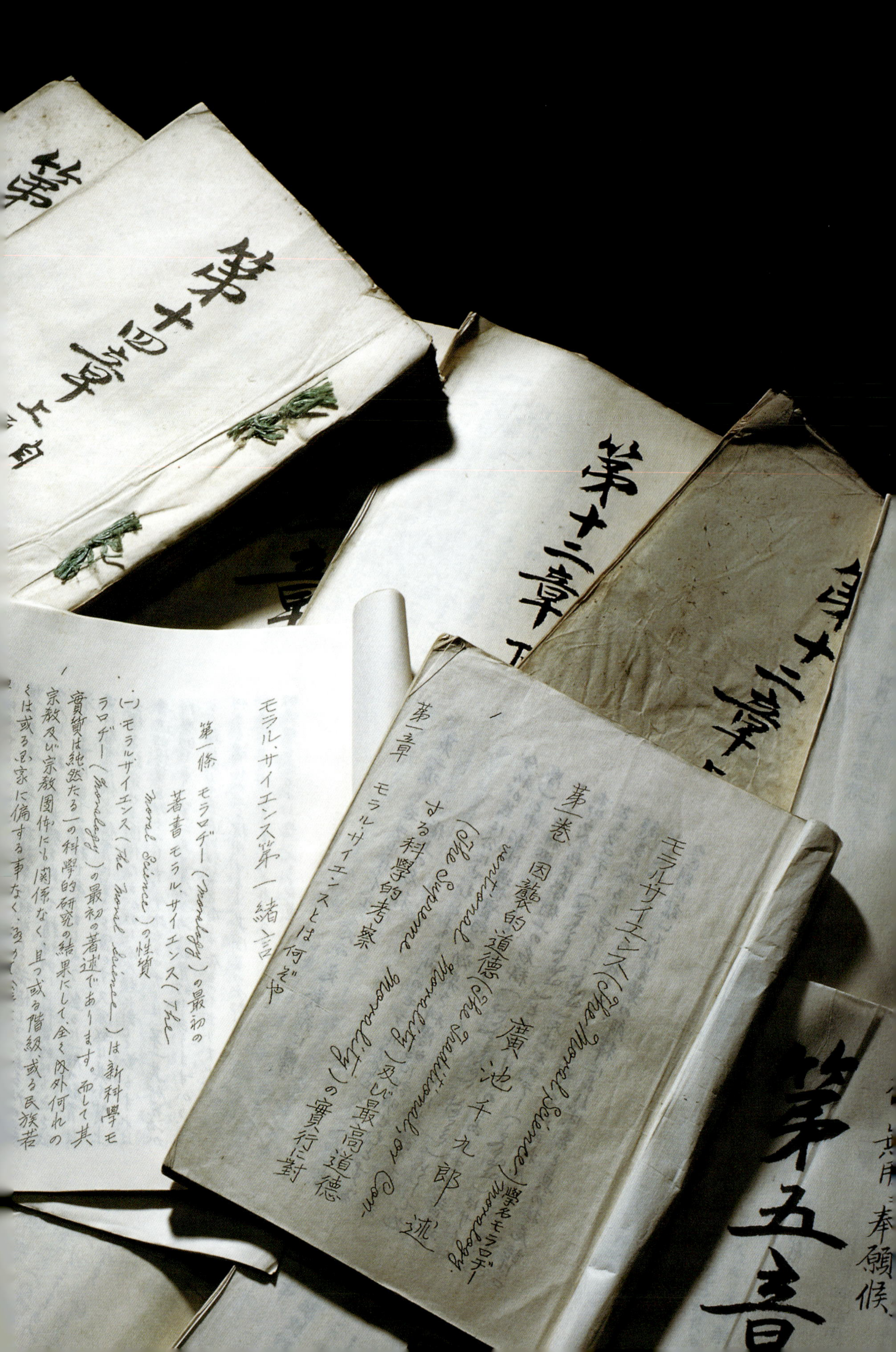
第十四章
第十三章
モラル、サイエンス第一緒言
第一條 モラロヂー(Moralogy)の最初の著書モラル、サイエンス(The Moral Science)の性質
(一)モラルサイエンス(The Moral Science)の最初の著述であります。而して其實質は純然たる一の科學的研究の結果にして、全く内外何れの宗教及び宗教團体にも関係なく、且つ或る階級、或る民族若くは或る國家に偏する事なく
モラルサイエンス(The Moral Science)學名モラロヂー(Moralogy)
第一巻 因襲的道徳(The Traditional or Conventional Morality)及び最高道徳(The Supreme Morality)の實行に對する科學的考察
廣池千九郎 述
第一章 モラル、サイエンスとは何ぞや
第五章

新科学モラロジー

大正十二年（一九二三年）、千九郎は、すべての人々が幸福になるための学問的基礎を築くために、道徳科学（モラル・サイエンス）の論文の執筆・編纂を開始しました。

　末梢《まっしょう》神経が極度に衰弱していた千九郎は、体温を調節することができません。真夏でも綿入れの着物を着、二十数個のカイロを身に付けることで体温を保つという状態でした。そして、連日のように発熱と激しい発汗に襲われていました。

「七月十六日　昼夜の苦しみ一方《ひとかた》ならず。手当ての仕方もなく神さまにたよるほかなく……。七月十七日　昨夜までの発汗甚《はなは》だしくて、今朝に到りいよいよ一種名状《めいじょう》すべからざる苦しみ」（『日記』③、大正十四年の記述）。

　しかし千九郎は、どのような容体も感謝して受け止め、自分の精神作用と行為を詳細に分析しては反省し、新たなる誓いを立てて筆を執《と》ります。

　千九郎は、仰臥《ぎょうが》したままでも湯船の中でも、昼夜を問わず原稿を書き続けました。一字一句に全身全霊を注ぎ込むような執筆でした。

　大正十五年三月、論文の謄写《とうしゃ》版《ばん》印刷が開始されます。公刊を前に少部数を印刷し、有識者の批評を仰ぐためです。

　同年八月十七日、千九郎は原稿を脱稿。印刷も終了して謄写版による『道徳科学の論文』が完成しました。

　さらに、その後も加筆や訂正、原稿の追加が幾度となく繰り返されていきました。このようにして昭和三年に公刊する『道徳科学の論文』初版本の原稿が作られていきました。

　千九郎が体系化した「道徳科学」と「最高道徳」論は、従来の道徳科学の範疇《はんちゅう》には収まらない学問領域でした。そのため千九郎は、昭和二年にラテン語の「モス（道徳）」と、ギリシア語の「ロギア（学問）」を合成して、新たに「モラロジー」という学術語をつくります。

　千九郎の長年にわたる学究と求道の集大成が、モラロジーという新しい学問を誕生させ、世に問うことになりました。

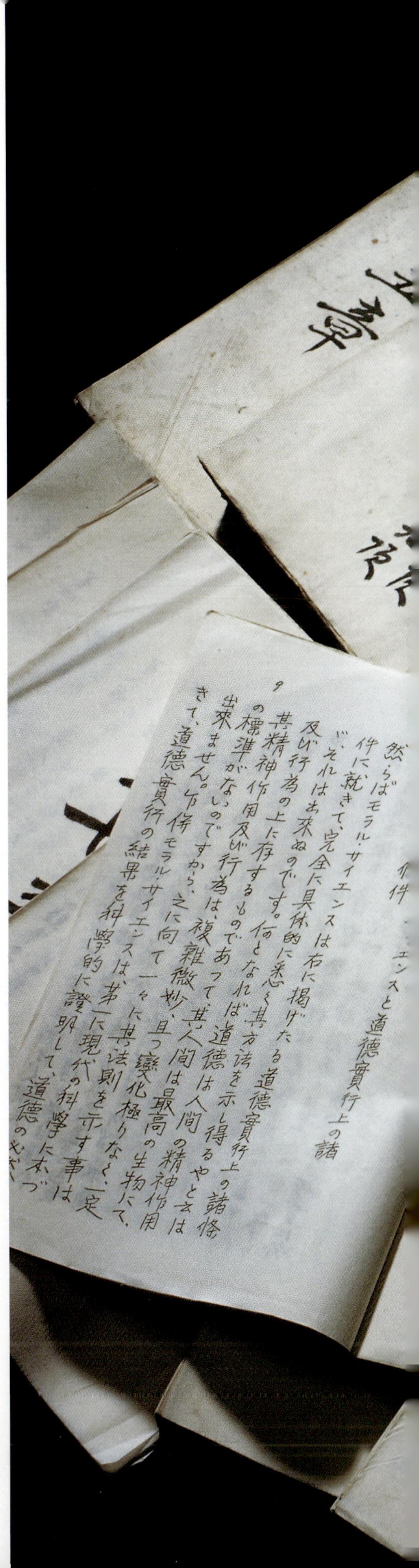

謄写版印刷による『道徳科学の論文』。千九郎は、原稿を脱稿し印刷が終了した大正十五年八月十七日を、後にモラロジー研究所の創立日と定めた

昭和七年十一月二日
撮影

プロ・デューティ・ソサイティ

大正十五年（一九二六年）十二月二十五日、病気療養中だった大正天皇が崩御《ほうぎょ》されました。裕仁《ひと》親王が践祚《せんそ》されて元号は昭和と替わり、諒闇《りょうあん》の中で昭和二年を迎えます。

一月二十九日、千九郎は、『道徳科学の論文』によって体系化された新科学モラロジーを、広く一般社会に普及させるための教育機関として、「プロ・デューティ・ソサイティ」（義務先行報恩協会）を東京の下渋谷に設立しました。

「プロ・デューティ」とは、報恩の精神に基づいて義務を先行することを意味するもので、聖人をはじめ、先人や祖先などから受けているすべての恩に対して報いていく道徳的行為のことです。

千九郎の教育活動は、このソサイティを拠点として展開していきます。この活動方法が、現在も全国各地で行われている、モラロジーによる社会教育活動の原点です。

その一方で千九郎は、謄写版印刷の『道徳科学の論文』を、新渡戸稲造《にとべいなぞう》博士、白鳥庫吉《しらとりくらきち》博士、阪谷芳郎《さかたによしろう》男爵といった日本を代表する学者に贈呈し、批評を仰ぎます。それに併せて、原稿の加筆訂正、追加論文の執筆と、公刊へ向けての準備を着実に進めていきました。

初版本の完成が間近となった昭和三年十一月三日、千九郎は家族と主な門人を伴って、伊勢神宮を訪れます。この日は、前年に制定された祝日、明治節（明治天皇の誕生日）でした。

千九郎たち一行は、外宮と内宮を正式参拝しました。千九郎は神前にぬかづき、『道徳科学の論文』の完成とモラロジーの創建を報告し、感謝報恩の祈りを捧げます。そして、新たな出発の決意を誓うのでした。

その後、千九郎は、境内《けいだい》を流れる五十鈴《いすず》川のほとりに同行の人たちを集め、この日を記念して教訓を提示しました。それは、みずからの体験に基づき、誠一筋になることを強調するものでした。

晩秋の静寂の中に、万感の思いを込めて話す千九郎の声が、力強く響いたことでしょう。

伊勢神宮を流れる五十鈴川。右上は参拝時の記念写真。中央のフロックコート姿が千九郎

道徳科學の論文
四冊の内
第一冊
廣池千九郎著
道徳科學の論文
四冊の内
第二冊
廣池千九郎著
道徳科學の論文
四冊の内
第三冊
廣池千九郎著
道徳科學の論文
四冊の内
第四冊
廣池千九郎著
廣池博士の學問上に於ける經歷
全

『道徳科学の論文』の完成

昭和三年（一九二八年）十二月二十五日、『道徳科学の論文』の初版本が完成しました。本書の正式な書名は『新科学としてのモラロジーを確立するための最初の試みとしての道徳科学の論文』です。

第一巻「因習的道徳及び最高道徳の原理及び実行に対する考察」と、第二巻「最高道徳の大綱」で構成された、全三千四百ページに及ぶ千九郎畢生《ひっせい》の大著述です。

千九郎は本書の出版に際して、「学力、品性ともに一世に卓越して、世界にその名声を馳《は》するところの学者を選び、世界の学問界ならびに実際社会に向かって本書の紹介を請う」（『論文』①）という考えで、国際的に活躍する新渡戸稲造博士、千九郎三十年来の友人である東洋史学者・白鳥庫吉博士、そして、政治・経済に通じた阪谷芳郎男爵の三氏に序文の執筆を依頼してありました。

三氏とも序文で千九郎の人格と学問的業績を高く評価するとともに、新科学モラロジーの発表を、「この光明すなわち宇宙を通じ万事を包括する一大原則に達するとき、これまでの矛盾撞《どう》着《ちゃく》ことごとく融《と》け去りて、聖人の教訓も、宗教家の教説も、詩人の理想も、科学者の主張する学説も、みな調和せられて一体となるを見得るのである（新渡戸）」（同掲書）「かくのごとき人類の幸福享受に関する著書の公にせらるることは、全く現代における東西識者の要求に副《そ》うものにして且つその要求を具体的に開示せるもの（白鳥）」（同掲書）「道徳の研究は決して科学的に組立てられぬものではないとの確信は、一読の上余に生じた（中略）現代に最も適合する道徳的信念を人間に自覚せしむるがために、最も有効大切なることを明言するに憚《はばか》らぬ（阪谷）」（同掲書）と、惜しみない称賛を寄せています。

初版本は献本用として三百余部印刷され、天皇・皇后両陛下をはじめ各宮家に献上されました。そして、牧野伸顕内大臣などの政府高官や学界関係者、千九郎の研究を理解し支援した人々にも贈られました。

献本用として桐箱に納められた初版『道徳科学の論文』。顔写真は上から、新渡戸稲造（一八六二—一九三三）、白鳥庫吉（一八六五—一九四二）、阪谷芳郎（一八六三—一九四一）

新科學モラロヂー及び最高道德の特質
(The Characteristics of Moralogy and Supreme Morality)
廣池千九郎講述
第一章　モラロヂー并に最高道德の名稱及び其相互關係
であります、英語の
REGISTERED TRADE MARK
Taihei
ELECTRIC RECORDING
M28-B
(891)
モラロヂー及び最高道德の特質
廣池千九郎講述
Published by the Institute of Moralogy
MADE IN JAPAN DAINIPPON GRAMOPHONE CO.,LTD. NISHINOMIYA

レコードの制作

千九郎は、昭和三年（一九二八年）の十二月に『道徳科学の論文』初版本を完成させました。しかし、国内における思想の退廃と国家財政の悪化に、千九郎は、危機感をさらに募《つの》らせ、翌年十月、『孝道の科学的研究』を著します。

出版に先立ち、千九郎は東京日日新聞に「孝道を推奨す――思想及び経済の危機に鑑《かんが》みて」と題した論文を掲載します。千九郎はこの中で、「孝は百行の本なり」といわれるように、聖人の教えに基づく真の孝道こそが道徳の根本であると訴えています。それが国家の安定と秩序、個人の幸福をもたらすと、国民に道徳的覚醒《かくせい》を促《うなが》しました。

さらに千九郎は、昭和五年に、「新科学モラロジー及び最高道徳の特質」と題するレコードの制作を開始します。

当時、レコードは、音楽などの娯楽を中心として普及していました。そのレコードに学術的内容を吹き込み、社会教育に活用しようという千九郎の試みは、時代の最先端をいく画期的なものだったといえるでしょう。

録音は大阪のレコード制作会社で行われました。千九郎は、障子紙《しょうじ》を幅五十センチ、長さ二メートルの大きさに張り合わせた原稿を作り、マイクの正面に掲げて読み上げていきます。

力を込めて大声で吹き込むため、録音には、予想以上に体力を必要としました。レコードの一面、わずか三分間の録音でも、普段の一時間の講演に相当するほどの疲労です。末梢《まっしょう》神経が衰弱した病身の千九郎にとって、命を削るような作業でした。

千九郎は、少しでも体調が悪化すると、自分の心づかいや原稿の内容に誤りがないかと反省を繰り返しながら録音に臨んだといいます。

このようにして完成したレコードは、SP盤九十一枚（九時間）にも及びました。

録音に使用した原稿は加筆補《かひつほ》訂《てい》され、同年十二月に出版されました。本書は、『道徳科学の論文』と共にモラロジー社会教育活動の中心的なテキストとなりました。

吹き込みのときに使用した原稿とレコードの一部。そしてテキストとなった『新科学モラロジー及び最高道徳の特質』。右上は、マイクを前にする千九郎

内湯・子持湯
たまりや旅館

千九郎の温泉療養

千九郎の身体は、大正元年の大病の後遺症のために末梢神経が極度に衰弱し、体温を保持することが困難な状態でした。そのため、真夏でも綿入れの着物を重ね着し、携帯用カイロを二十個近く身に付け、頻繁に起こる発熱と発汗に苦しむ日々を送っていました。

いったん発作が始まると、頭部、顔面、そして体中から、おびただしい量の汗が玉のようになって流れ出ます。首と枕と布団の衿《えり》に用意しておいたタオルも、長襦袢《ながじゅばん》などの下着類も、瞬く間に絞《しぼ》れるほどまでに濡《ぬ》れてしまいました。

これまでに千九郎は、あらゆる治療を試みてきましたが、温泉による治療法がいちばん効果があり、自分の体に適していることを実感していました。

千九郎の温泉療養が本格的になるのは、『道徳科学の論文』の執筆・編纂を開始した大正十二年ごろからです。

千九郎が療養に訪れた温泉は、北海道と四国を除き、全国九十か所以上にもおよびます。そして、温泉での滞在期間は、年平均二百二十一日にもなりました。

温泉の多くは、自動車も入れないような辺鄙《へんぴ》な山奥にあります。そのため、当時は、馬や籠《かご》を利用しての移動でした。

滞在が長期になるため、執筆中の原稿や書籍類だけでなく、炊事用具、食器、食料品、衣類、布団といった生活用品まで持ち歩いての旅でした。それらを、いくつもの信玄袋、行李《こうり》、トランク、鞄《かばん》、風呂敷などに納め、側近とともに移動しました。

千九郎は、到着すると真っ先に湯船に浸《つ》かり、自分の身体に合うか合わないかを判断しました。合わなければ、即、次の温泉へと向かわなければなりません。千九郎にとって、温泉巡りは、まさに生死を賭《か》けた真剣勝負だったのです。

滞在先の温泉にも、千九郎の指導を受けに人が訪ねてきました。そんなとき千九郎は、「挨拶より先にお風呂に入って、少し休ませてあげなさい」と側近に命じ、常に来訪者を心から労《ねぎら》ったといいます。

千九郎が療養に訪れた温泉の中で、逗留期間がいちばん長かった田沢温泉の旅館「たまりや」（長野県小県郡青木村）。右下は、カゴに乗って群馬県の川古温泉に向かう千九郎（昭和六年）

栃尾又での大患

昭和六年（一九三一年）四月、群馬県の川古《かわふる》温泉で療養していた千九郎は、連日、凄まじい発汗と発熱で苦しんでいました。

昭和三年に『道徳科学の論文』を完成させた千九郎は、翌年には『孝道の科学的研究』を上梓《じょうし》し、翌々年には『新科学モラロジー及び最高道徳の特質』のレコード制作と、モラロジーの確立と活動の基盤づくりに全身全霊を注ぎ続けてきました。千九郎の肉体は、もはや極限状態になっていました。

千九郎は、大正元年の大患で死の淵に立たされたとき、一切の名誉と利益を棄《す》てて、世界の人心の救済をなすことを決心し、最高道徳の大要を人類に書き遺《のこ》すことを誓いました。そして、「万一私の御願と今後に於ける私の精神作用及び行為とが自然の法則に合致致しますならば」（遺稿）と、神に向かって二十年の延命を祈願したのでした。

昭和六年は、それからちょうど二十年目にあたります。五月九日、千九郎は川古から新潟県の栃尾又《とちおまた》温泉に転じますが、容体は次第に悪化していきます。死期を覚悟した千九郎は、二十一日、日記に次のような辞世の句を記しました。

我身今日神之御傍《みそば》にかへり行きて誠の人を永く守らむ

そしてその後に、〈自己之力以上若《も》しくは力一杯之事業を為す人は、最高道徳にて所謂《いわゆる》誠の人ではない。宥座《ゆうざ》之器※之意味参照。力以上の仕事には無理が出来るから〉と書き足しました。

それは、——誠の人を守ろうとしている自分が、はたして真に誠の人であったろうか——と自問しているかのようです。

千九郎はこの日、それまで温めていたモラロジーの海外普及のための渡航計画を延期することを決意します。そして、今あるソサイティ会員の心をもっと深く救済することを誓い、「ただ至誠心をもって中流社会の人々を目標として進むことが、真に救済の基礎を確立する方法ならむと覚悟を定む」（『日記』④）と、救済者としての自覚をさらに深めていったのです。

※宥座之器＝中国の故事にちなんだ器。「虚なれば則ち傾き、中なれば則ち正しく、満つれば則ち覆る」と慢心を戒め中庸の大切さを教えている。

栃尾又温泉（新潟県魚沼市）。百段近い石段を下りた谷底に浴場がある。千九郎は付き人に背負われて、日に幾度も往復した

金湯館

霧積温泉

千九郎は、大正元年（一九一二年）に、道徳科学（モラル・サイエンス）の学問的確立をめざして研究を始めました。

大正十五年には『道徳科学の論文』を脱稿し、新しい学問としてのモラロジーと、その実質的な内容である最高道徳を公表するに至りました。しかし、まだ残された研究課題は多く、この学問を大成させるには、研究所を開設して研究を継続していく必要がありました。

千九郎の構想する研究所は、教育活動の拠点となる「モラロジー・アカデミー」を設けて常設の講座を開講し、さらに「モラロジー大学」を設立するというものでした。

さらに千九郎は「普通の研究所は、まず資金、次に建築、次に研究というような順序で成り立つものですが、モラロジーのそれは、まず研究の事業の基礎が確立したうえで、これに関係のあった人々を職員に任じ、次にますますその研究を拡大し」（『伝記』）と考えていました。

このような構想によって千九郎は、研究所の建物より先に「モラロジー根本研究所憲法」（昭和五年）を作り、「モラロジー研究所規則の大綱」（昭和六年）を記したのです。

千九郎は、昭和六年五月の栃尾又の大患のときに「万一私のいのち、この上人類に必要ありて延ばしていただければ、正に今年をもって第二期の最初の年と思い」（『日記』④）そして、「日本人間に鞏固《きょうこ》なるモラロジーの精神団体を造ることが世界救済の本なり」（同掲書）と決意を新たにしたのです。

七月二十二日、千九郎は、群馬県の霧積《きりづみ》温泉に、幹部と会員を招集し、これからの活動を担《にな》う人々を養成するためにモラロジー講習会を開催します。

このとき参加した幹部など四十五名全員が、千九郎の人格に接し、その講話に、筆舌に尽くしがたいほどの深い感銘を受けたといいます。

こうして千九郎は、霧積温泉を皮切りに、モラロジー研究所の開設に向けて、着実に一歩ずつ歩み始めたのです。

当時の面影を今も残す霧積温泉の金湯館（群馬県安中市）。右上は、講習会参加者の記念写真。最後列右から五人目が千九郎

光は東方より

昭和六年（一九三一年）、千九郎は、七月に霧積温泉で行った幹部講習会の後、モラロジーに基づく社会教育活動を本格的に開始します。

当時、日本の産業と経済は、世界恐慌の影響を受けて深刻な状況となっていました。千九郎は、日本経済の中心地である大阪において、経済界の有力者や企業家に対し、モラロジーと最高道徳による活路を示そうと考えていました。

九月二十一日、大阪毎日新聞社本社の主催による、千九郎の講演会が開催されました。会場となった本社講堂には六百名を超える人々が参集し、定刻すでに満席という盛況ぶりです。

本山彦一《もとやまひこいち》社長の挨拶に続いて登壇したのは、国際連盟の事務局次長を務めた、同社顧問の新渡戸稲造博士です。演題は「廣池先生の研究の世界的意義」。

新渡戸は、かつて国際連盟の知的協力委員会（現ユネスコ）の幹事長であったときに、哲学者のベルグソン、科学者のキュリー夫人やアインシュタイン、文学者のロマン・ローランなど世界各国の碩学《せきがく》と親しく交流したことにふれ、「欧米の思想界の混乱は〝東洋の思想を入れるにあらざれば……〟という声を常に聞いたのである。光は東方よりという。私は廣池博士は東方の空に輝く星の一つであることを信ずる」と、千九郎の研究を高く評価し紹介しました。

千九郎の講演は「新科学モラロジーおよび最高道徳と大阪産業界および経済界の建て直し」と題して、約二時間にわたって行われました。

千九郎は、現代の学問の多くは人間の利己的本能に立脚しているため、自然科学の原理と聖人の教説に反するものであると指摘し、不況からの脱却は、モラロジーによって科学的に証明された最高道徳の実行にあると強く訴えました。

博学深遠かつ至誠に満ちた千九郎の講演は、満堂の聴衆を魅了し感動させました。

この大阪での千九郎の講演が、モラロジー社会教育活動の第一声となったのです。

千九郎が講演を行った大阪毎日新聞社の社屋跡。当時の建物の玄関の一部がモニュメントとして残されている（大阪市北区堂島）

財団法人
モラロジー研究所大阪出張所
14-13

広がる講習会

昭和六年（一九三一年）九月に行われた、大阪毎日新聞社主催による千九郎の講演会は、京阪地方の産業界に一石を投じることになりました。

一週間後には、講演会の続講が大阪市内の汎愛《はんあい》小学校で催され、経済界の有力者や社会事業家など多くの人々が聴講に訪れました。そして、その後も大小の講演会が頻繁《ひんぱん》に開催されていきます。

しかし、千九郎は「時局の変遷に鑑《かんが》み従来の講演会のみにて人心の開発をなすことの緩慢《かんまん》に失するを悟り」（『道徳科学研究所紀要』）と自省して、モラロジー講習会による教育活動を開始しました。

翌年三月、大阪の玉出《たまで》第三小学校講堂を会場にして「大阪第一回モラロジー講習会」が開催されます。会期二週間、毎夕六時から三時間という日程です。講義は、千九郎の著書をテキストにして、千九郎自身と数名の高弟が担当。この講習会には約六百名が参加しました。

千九郎の講義は、参加者のみならず、門人たちにも深い感銘を与えました。「今回この講習を受けて、初めてモラロジーという学問の全貌《ぜんぼう》を知ることができた」と、門人の一人が感想を残しています。

同年九月、東京に講堂が完成し、「東京第一回モラロジー講習会」が二週間にわたって開催されます。開会には、以前から親交があった斎藤実《まこと》首相と白鳥庫吉博士が祝辞を寄せ、穂積重遠博士が挨拶をしました。参加者は七百名にも達し、沿線の西武線では臨時列車を出すほどの盛況ぶりとなりました。

講習会には、大迫尚道《おおさこなおみち》陸軍大将をはじめとする各界の名士が訪れ、連日連夜、熱心に聴講しました。いたく感動した大迫大将は、後日千九郎を自宅に招き、軍の将校たちにも講話を聞かせています。

昭和十一年七月に、大阪にも講堂が完成。関西地方における社会教育の拠点となりました。

このようにして、講習会による社会教育活動は、全国各地で展開されていったのです。

昭和十一年に開設したモラロジー研究所の大阪講堂。当時の面影を残したまま、現在も大阪出張所として社会教育活動の拠点となっている

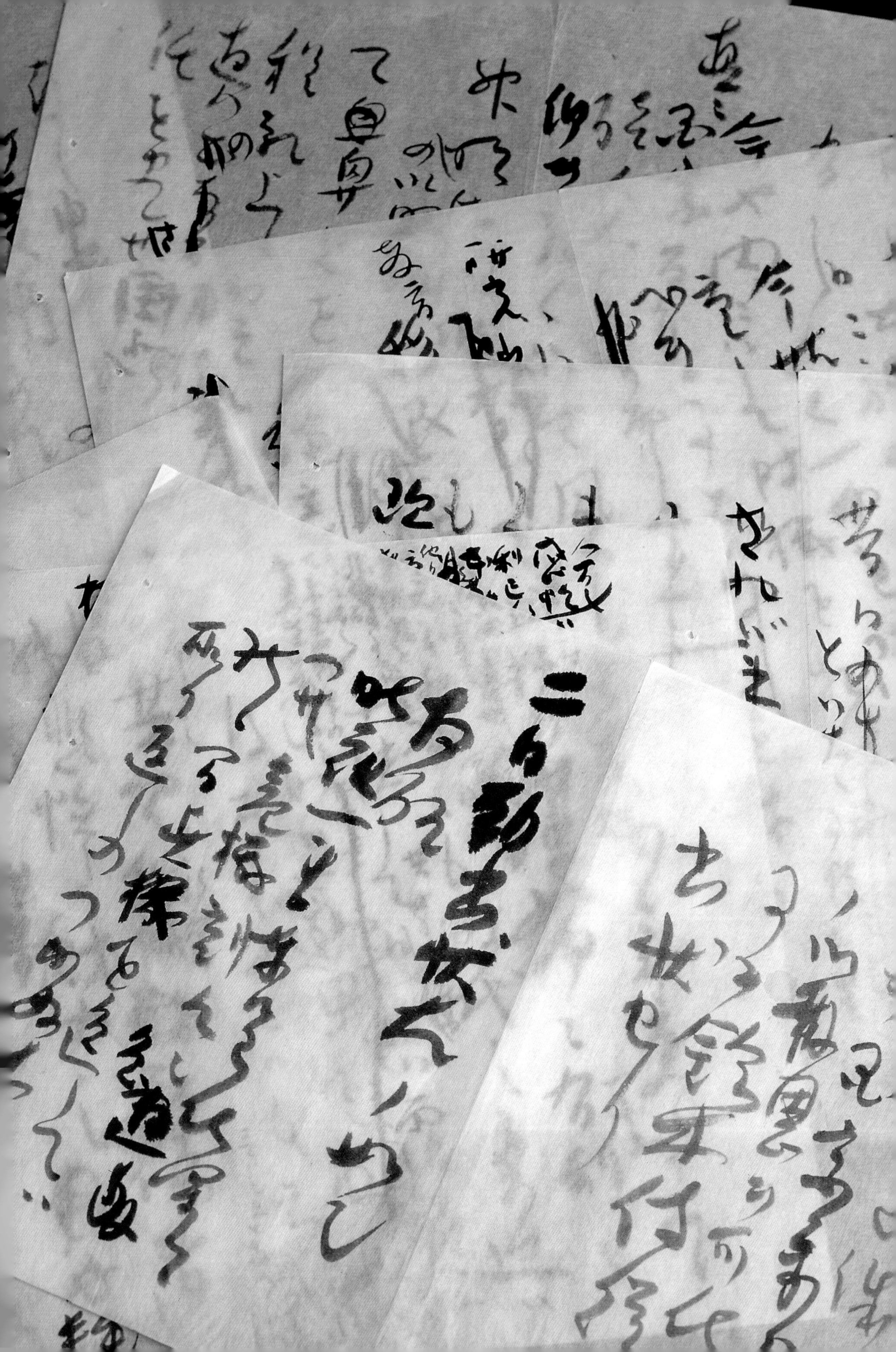

鈴木侍従長への書簡

千九郎の悲願は、人類の幸福と世界平和を実現することです。そして、そのための平和運動は、聖人の「全く智を離れて、智以上の崇高偉大なる道徳的意思」（『日記』①）によらなければならないと考えていました。

千九郎が、全生命を懸けて創始したモラロジーは、「世界諸聖人の教訓に基づき、且《か》つ現代科学の原理に立脚して、まず個人を最高道徳的に開発し、もって世界平和の基礎を形造ろう」（『論文』①）と打ち立てられたものです。

千九郎は、「もし今日世界の有力者にしてひとたびモラロジーの精神を体得されましたならば、世界永遠の平和の基礎は迅速に且つ確実に出来る」（『論文』①）という確固たる信念を持っていました。ですから、事あるたびに政府首脳や軍の指導者に対して、積極的な建言を繰り返しています。

昭和六年（一九三一年）九月に満州事変が、翌年一月に上海《シャンハイ》事変が勃発《ぼっぱつ》し、大陸情勢は緊迫の度を増していました。

わが国の将来に危機感を募らせた千九郎は、二月一日、天皇陛下の信任篤《あつ》い鈴木貫太郎《かんたろう》侍従長に書簡を送ります。

「……英米二国の干渉明白に現われ来る。万一南清における我が主張を貫徹せんとせば、右二国以上と衝突に至るべし。かくては負くればもち論滅亡に瀕《ひん》すべく、たとい勝つとも長日月を費し国家瀕死に至るべし。（中略）天皇陛下平和御好愛の御心という勅命にて、南清の兵と人民とを全部引き上げ……」

さらに翌日、第二信を続けて発信しています。

「……そもそも人間の感情は一時の利己的本能の発露なり。（中略）聖人は、兵は平和の保障物にして殺人の利器にてはこれなしと教えられ居り候……」

翌々日にも第三信を出状し、「なおこの書面、何人の御目にかけても苦しからず候」と書き足します。これは、当時の社会状況下では命がけの献言といえるでしょう。なんとしても平和に徹するという、千九郎の固い決意がうかがい知れます。

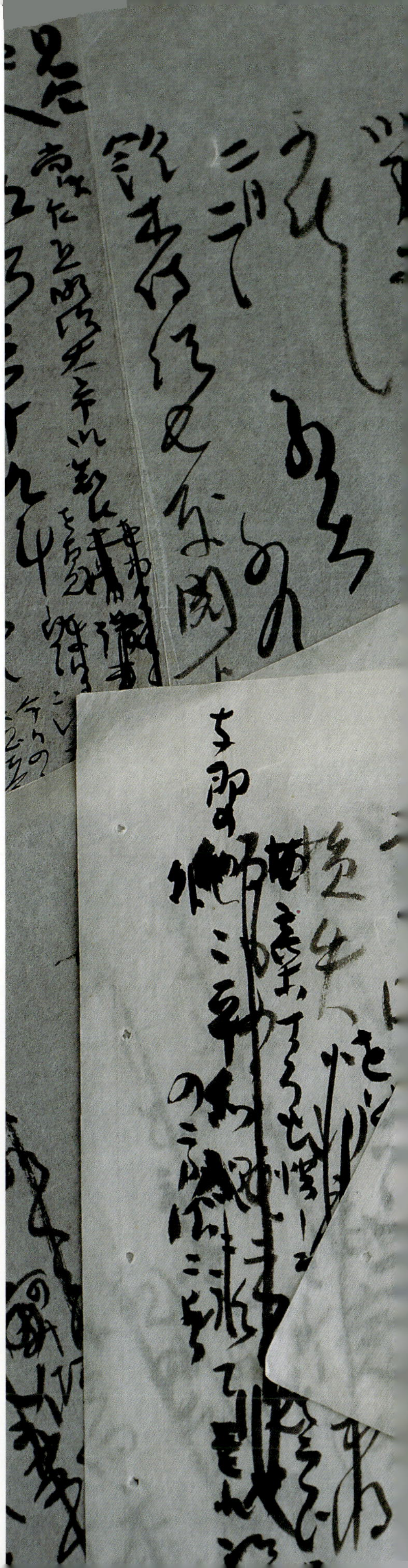

千九郎の日記に書き残されている、鈴木貫太郎侍従長に送った書簡の下書き

廣池千九郎紀念講堂
廣池千九郎記念館
CHIKURO HIROIKE MEMORIAL HALL

道徳科学専攻塾

昭和九年（一九三四年）、千九郎は、千葉県東葛飾《ひがしかつしか》郡小金町（現在の柏市光ヶ丘）の山林、約十万坪を購入します。千九郎念願の、モラロジーを根幹とする学校を建設するための用地です。

青年時代から教育に携わってきた千九郎は、そのつど学校教育に対する理想を思い描き構想を練《ね》ってきました。

千九郎は、新科学モラロジーを樹立して『道徳科学の論文』を公刊（昭和三年）。昭和七年以降は、講習会が各地で展開され、社会教育活動が軌道に乗り始めました。しかし、人々を幸福に導くには、正規の学校教育が不可欠だと考えていました。

千九郎が創設する学校は、道徳科学専攻塾（モラロジー・カレッジ）。中等教育修了者対象の本科（五年制、定員百二十名）と、社会人を対象とした別科（三か月、定員百八十名）からなる、男女共学の全寮制の学校です。

千九郎みずから指示して工事が進められました。英国のパブリック・スクールに倣い、敷地の中心となる場所に、精神教育の支柱となる神壇と大講堂を建設しました。

「教育というものは、まず優れた研究があり、立派な教授が揃《そろ》い、そして立派な文献が整っていることが大切であって、建物のごときは、小さくかつ質素なものを建てれば足りるのである」（遺稿）と、専攻塾の建物はすべて木造で、外壁は杉皮を張った質素なものでした。

昭和十年四月一日に入塾式、二日には開塾式が、新築の木の香り漂う大講堂において厳粛に執り行われました。

招待者、教職員、門人など、約二千名が参列する中で、塾長の千九郎が祝詞《のりと》を奏上、長男の千英次長が教育勅語を奉読しました。続いて、文部大臣松田源治《げんじ》、千葉県知事石原雅二郎《まさじろう》、斎藤実、若槻礼次郎《わかつきれいじろう》、阪谷芳郎、白鳥庫吉、穂積重遠などそうそうたる人々の祝辞が代読されました。

積年の苦労、至誠努力が実を結び、万感胸に迫る心境の中で、千九郎は世界平和と人類の幸福の実現という大事業に邁進《まいしん》する決意を新たにするのでした。

千九郎が建てた大講堂と同じ場所に建つ「廣池千九郎記念講堂」。モラロジー研究所の創立七十五周年を記念して建て替えられた（平成十五年五月竣工）

八面玲瓏

明如日月
一噂意一枚照世界
圣人行綏今在茲

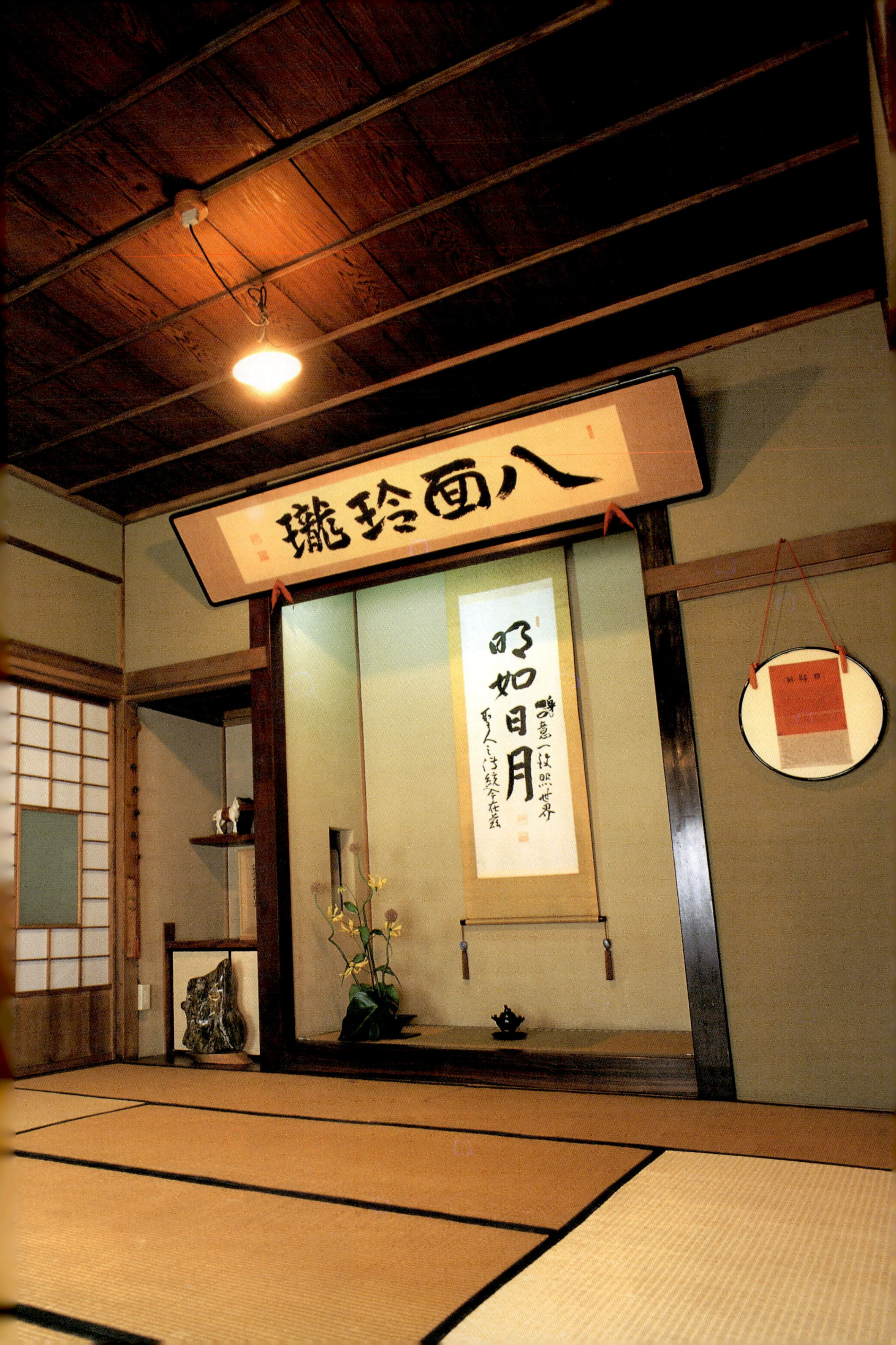

麗澤館

昭和十年（一九三五年）、古稀《こき》を迎えた千九郎は、四月に道徳科学専攻塾を開塾しました。

千葉県東葛飾郡小金町にある通称大勝山《たいしょうざん》と呼ばれる丘陵地に、道徳科学研究所の本拠を東京から移し、新たに学校教育と社会教育をスタートさせたのです。

道徳科学専攻塾は、当時としては珍しい男女共学で全寮制の学校です。千九郎は、施設のあらゆる場所に自筆の扁額《へんがく》を掲げ、塾生の行動と生活の指針としました。その内容は、聖人の教訓、中国古典、日常生活の細かい注意事項などさまざまです。

大講堂には、「天爵《てんしゃく》を修めて人爵之《これ》に従う」という『孟子』の教えを、食堂には「大学の道は明徳を明らかにするに在《あ》り」という『大学』の句を掲げました。この二篇は、最高道徳を実行して品性を完成し、世界平和を実現するという千九郎の教育理念を表しています。

図書館は、千九郎が研究執筆のために集めた三万二千冊余の蔵書を中心につくられました。そこには「経《けい》を以《もっ》て経を説く」という扁額を掲げ、原書から学ぶという学問姿勢を示しました。

最高道徳の実践、品性陶冶《とうや》の場である寮の扁額は「自我没却神意実現の自治制」です。

そして千九郎は、敷地内にみずからの居を構え「麗澤館」と名付けました。青年時代に学んだ漢学者・小川含章の私塾名が「麗澤館」です。憂国の情の篤かった恩師の志を継ごうとする千九郎の決意と敬慕の表れでしょう。

千九郎は、この住まいにも自書の扁額《へんがく》を掲げています。心中にいささかの曇りも、わだかまりもないという意味を持つ「八《はち》面玲瓏《めんれいろう》」の書を掲げ、床の間には、「明如日月」（明らかなること日月《じつげつ》の如し）という軸を掲げました。

「麗澤」には、この「日月」のように万物を平等に照らして養育するという意味があります。まさにそれが、千九郎が求め続ける〝誠の心〟〝無私の慈悲〟であり、「八面玲瓏」の心なのです。

麗澤館のこの部屋は「八面玲瓏の間」と呼ばれ、現在も研修会等に使用されている

道德科學研究所
道德科學專攻塾

名士たちの来塾

昭和十年（一九三五年）五月、開塾して間もない道徳科学専攻塾に、孔子の七十一代後裔《こうえい》の孔《こう》昭潤《しょうじゅん》と、孔子の高弟・顔回の七十四代後裔の顔振鴻《がんしんこう》が訪れます。

東京の湯島聖堂復興記念の孔子祭に参列するために来日していた一行を、千九郎が招待したのです。

かつて（明治四十一年）、中国を調査旅行した千九郎は、孔子とその高弟の子孫が、連綿と存続している事実に感激し、聖人の教えと最高道徳実行の効果に確証を持ったのでした。

このことが、千九郎が『道徳科学の論文』を著し、モラロジーを確立する端緒の一つとなったのです。

大講堂の壇上に立った千九郎は、孔昭潤の一行を、万世一系の無冠の帝王であり、この来駕《らいが》は千載一遇の歴史的光景であると塾生に紹介しました。まさに、専攻塾の門出《かどで》にふさわしい賓客《ひんきゃく》でした。

同年十一月には、前首相の斎藤実が来塾しました。斎藤は温厚で思慮深い政治家で、朝鮮総督であったときから千九郎の良き理解者でした。

千九郎は喜色満面《きしょくまんめん》で斎藤を出迎えます。そして、「閣下は英語にご堪能であると承っておりますから、今日は学生の英語を聞いていただいて、ご批判を仰ぎたい」と述べ、塾生の代表が歓迎の辞とスピーチを英語で行いました。それは、当時進行していた第二次エチオピア戦争に対しての所感で、危機的状況にある日本の進路を暗に示し、平和を訴えるものでした。

翌十一年は、七月に元首相若槻礼次郎が訪れます。若槻も斎藤と同様に、千九郎がもっとも信頼し期待を寄せていた政治家で、千九郎は幾度となく平和への提言を行ってきました。

このように千九郎は、専攻塾に一流の人物を招いて塾生の人格教育の一端としました。それは同時に、緊迫の度を増していく政治情勢の中で、国家の指導的立場にある人々に最高道徳を理解してもらい、難局を打開し、平和を実現するという方策でもあったのです。

開塾当時からの桜並木。千九郎みずから歩数を数え、ステッキで印をつけて苗木を植えさせた。専攻塾を訪れた孔子と顔回の子孫（右上）。顔写真は斎藤実（左上）と若槻礼次郎（左下）

谷川温泉の購入

　昭和十年（一九三五年）九月、千九郎は、群馬県下の温泉で療養中、マムシの毒を吸い出すと評判の野天風呂《のてんぶろ》が、谷川にあるという話を耳にします。

　早速、現地に出向いてみずからその効能を確かめます。評判に違《たが》わぬ名湯と確信した千九郎は、この温泉と土地取得の意志を固めます。なぜなら、千九郎には、人々の精神と肉体を共に救うという聖人の教えを具現する目的があったからです。


　人間は、精神と経済と肉体の病のいずれかで悩んでいると千九郎は考えていました。『道徳科学の論文』を著し、道徳科学専攻塾を開設したことで、精神と経済の病は、モラロジーによって助けることができるようになりました。

　ところが、モラロジーを学んで国家社会に貢献しようとしても、病のために志を果たせない門人や、医療機関に見放されて苦しんでいる門人がいます。このような人々を肉体の病から救うには、どうしても温泉が必要だと思っていました。

　千九郎自身、少年時代から病気で苦しみ、さまざまな治療を試みてきた結果、温泉療養によって救われてきたのです。

　翌十一年の秋、土地の買収に着手したものの、谷川は全国初の温泉付き別荘地として分譲中で、すでに契約が済んでいる場所もあるという状態でした。

　千九郎は、駆け引きのない正直な態度で交渉に臨み、値切らず、無理をせず、まさに最高道徳を実践することで、それらの土地を譲り受けていきました。

　ほんとうに人を助けたいという神に通じる人心救済の真心が一木一草《いちもくいっそう》の中に植え付けられていなかったら、人を助ける霊地にはならないと、千九郎は考えていました。工事も極力樹木を切らないように進められ、建物は木と木の間に建てられました。一本のヒノキを生かすためには、自分の住まいの廊下《ろうか》と屋根にさえ穴を開けさせました。

　そして千九郎は、建設にかかわるすべての人々が、喜びや感謝の気持ちで仕事ができるように心を砕《くだ》きました。

谷川連峰の雄大な俎嵓（まないたぐら）を臨む谷川温泉の町（群馬県利根郡みなかみ町谷川）

谷川講堂開設

昭和十一年（一九三六年）秋、千九郎は、群馬県谷川の温泉と土地を購入し、精神と肉体を共に救うための教育施設「谷川講堂」の建設に着手しました。

千九郎は病身でありながら、みずから陣頭指揮を執《と》り、土地買収の交渉から建築設計に至るまで全身全霊を注ぎ込みます。

谷川地区は、分譲のための伐採がすでに始まっていましたが、千九郎はまだ伐採されていない区画を買い求め、いちばん大きな山桜の古木の下を神壇の位置に定めました。それから、千九郎の住居「麗澤館」や小講堂などの建設を次々と進めていきました。

建物は、極力安価な材料を使用し、杉皮を葺《ふ》いた質素なものでした。しかし、源泉を汲《く》み上げるポンプはドイツ製を特注するなど、重要な部分には十分な資金を懸《か》けています。

浴場には、千九郎が考案設計した枡形《ますがた》に区切られた一人用の浴槽を複数設置し、それぞれの湯船で湯量や温度調節が容易にできるようにしました。

寄宿舎の廊下は、必要なときに畳を敷いて寝ることができるよう四尺幅にするなど、千九郎の合理的な考えが施設の随所に活《い》かされていきました。

また、分譲中の温泉の権利は使用権のみでしたが、千九郎は、後々になって問題が生じることのないようにと、売り主と根気よく交渉して所有権も取得しています。

このこともあって、谷川講堂建設には、千葉の道徳科学専攻塾の設立費用を上回る膨大な資金を投じることとなりました。これは千九郎の「金よりは命、特に最高道徳に更生せる人々の命を助くることが大切なり」（『日記』⑥）という強い思いがあったからです。

昭和十二年一月、谷川講堂が完成します。千九郎は「余は従来いかなる場合にても全金力、全権力を費やしたることなし。しかしながら今回の谷川のことは実に世界人類霊肉併済の大善事業なるをもって、モラロジー研究所の全金力を費消せるなり」（同掲書）と記しています。

千九郎の住まいだった谷川麗澤館（手前）と神壇（右奥）

賀陽宮恒憲王殿下

昭和十二年（一九三七年）、千九郎は、新年を群馬県に新設したばかりの谷川講堂で迎えます。病を抱えた千九郎の肉体は、道徳科学専攻塾に続く谷川講堂の開設で、「心身ともに疲れ、ほとんど回復の見込みも立たぬほど弱れり」（『日記』⑥）という状態になっていました。

それでも千九郎は、元旦の九星占いに「旭日昇天《きょくじつしょうてん》の年」とあったことを神に感謝し、今日あるのはすべて恩人のお蔭と、報恩をあらためて誓うのでした。

一月十日に伊勢神宮を参拝した千九郎は、帰路の途中、門人から、賀陽宮恒憲王《かやのみやつねのり》殿下が道徳科学専攻塾の訪問を希望されている旨の報告を受けます。千九郎は、「これすなわちいわゆる旭日昇天の兆《きざ》しなり」（『日記』⑥）と僥倖《ぎょうこう》に歓喜します。

これまでに千九郎は、緊迫の度が強まる内外の情勢を憂慮《ゆうりょ》し、政府要人に対して平和への提言を繰り返し行ってきました。

しかし努力の甲斐なく、状況は悪化の一途をたどるばかりです。

賀陽宮殿下ご台臨《たいりん》の話は、まさに平和への曙光《しょこう》。千九郎は、国家の危機を食い止めるべく、最後の望みを殿下に託します。

四月十八日、賀陽宮殿下がご家族を伴われ、専攻塾にご台臨になりました。千九郎は、フロックコートに身を包み、貴賓《きひん》館《かん》の玄関でお迎えしました。

貴賓館では、関係者の拝謁《はいえつ》と、千九郎による「大義名分の教育」のご進講が行われました。

千九郎の講じる大義名分は、モラロジーによって科学的に裏づけされた、道徳原理としての皇室尊重の精神でした。これを国民が正しく理解し実行することが平和への道であると、千九郎は説いていきます。

深遠かつ明快な千九郎の講義は、平和を愛好する殿下の心を強く揺さぶります。殿下は、後年、このときの印象を「モラロジーこそ国を救う学問だという確信を深めました」（『伝記』）と語っています。

ご進講は、殿下の希望により翌年四月まで続けられます。千九郎は、残された生命のすべてをこのご進講に賭けたのです。

貴賓館。当初は上賓館と呼ばれていたが、賀陽宮殿下のご台臨を機に貴賓館と改称。右上は、二度目のご台臨の記念写真（昭和十二年十月二十四日）

冷泉行進曲
忍耐は困難をのりこえる
がんばれ今ひとときがんばれ
忍耐　頑張
難有り
有難し

寒の地獄

昭和十二年（一九三七年）五月七日、千九郎は、関西九州方面の旅行に出発します。最終の目的地は、大分県九重《くじゅう》連山の麓《ふもと》にある冷泉「寒《かん》の地獄」です。

四月にご台臨を仰いだ賀陽宮恒憲王殿下に、引き続きご進講をすることとなった千九郎は、「このように体が弱ってしまっては申し訳がない。この鉱泉に入って、少しでも体をよくして……」（井出大《ひろし》著『随行記録・晩年の廣池千九郎博士』）という、是が非でも平和の道を切り開きたいという切実なる思いで、この旅行を決意したのです。随行者は、二十歳《はたち》そこそこの書生一人と奉仕の女性二人だけです。

千九郎は、名古屋、大阪、広島、博多など、主なモラロジー活動の拠点に立ち寄り、地方の活動状況を視察し、講演や幹部の指導などを行っていきました。

十八日正午、千九郎は、九大線の豊後《ぶんご》中村駅に到着します。駅からは自動車で高原の麓へ。そこで駕篭《かご》に乗り換え「十三曲がり」という最大の難所を登ります。「寒の地獄」に到着したのは、博多駅を出てから実に八時間余り経ってからのことです。そこはまさに秘境の地でした。

早速、千九郎は書生に疲れ切った身体を支えられ、硫黄《いおう》臭の強い浴場へ向かいます。水温十四度の冷泉に身を沈めること三分。冷たさだけでなく、身体中が痛くなる鉱泉の刺激に、千九郎は確かな効力を実感します。

末梢神経が麻痺した千九郎の身体は、昼夜を問わず入浴を必要としました。滞在四日目の深夜、千九郎は発熱と大発汗の発作に襲われます。その日は午後から暴風雨。千九郎は書生に背負われ、激しい風雨にさらされた真っ暗な渡り廊下を通って浴場へ向かいました。

部屋に戻った千九郎は、ご進講の原稿の加筆にかかります。石油箱を机にし、随員に身体を支えられ、書生の掲げるランプの光を頼りに筆を執ります。額と首からは汗が絶え間なく流れ落ち、身体が傾くたびに文字が左右に乱れます。それでも千九郎は、人類の平和実現を願って筆を持ち続けるのでした。

冷泉「寒の地獄」の浴場。浴槽の底石は、鉱泉の成分で青緑色に変化している。千九郎はここに二週間逗留《とうりゅう》した（大分県玖珠郡九重町飯田高原）

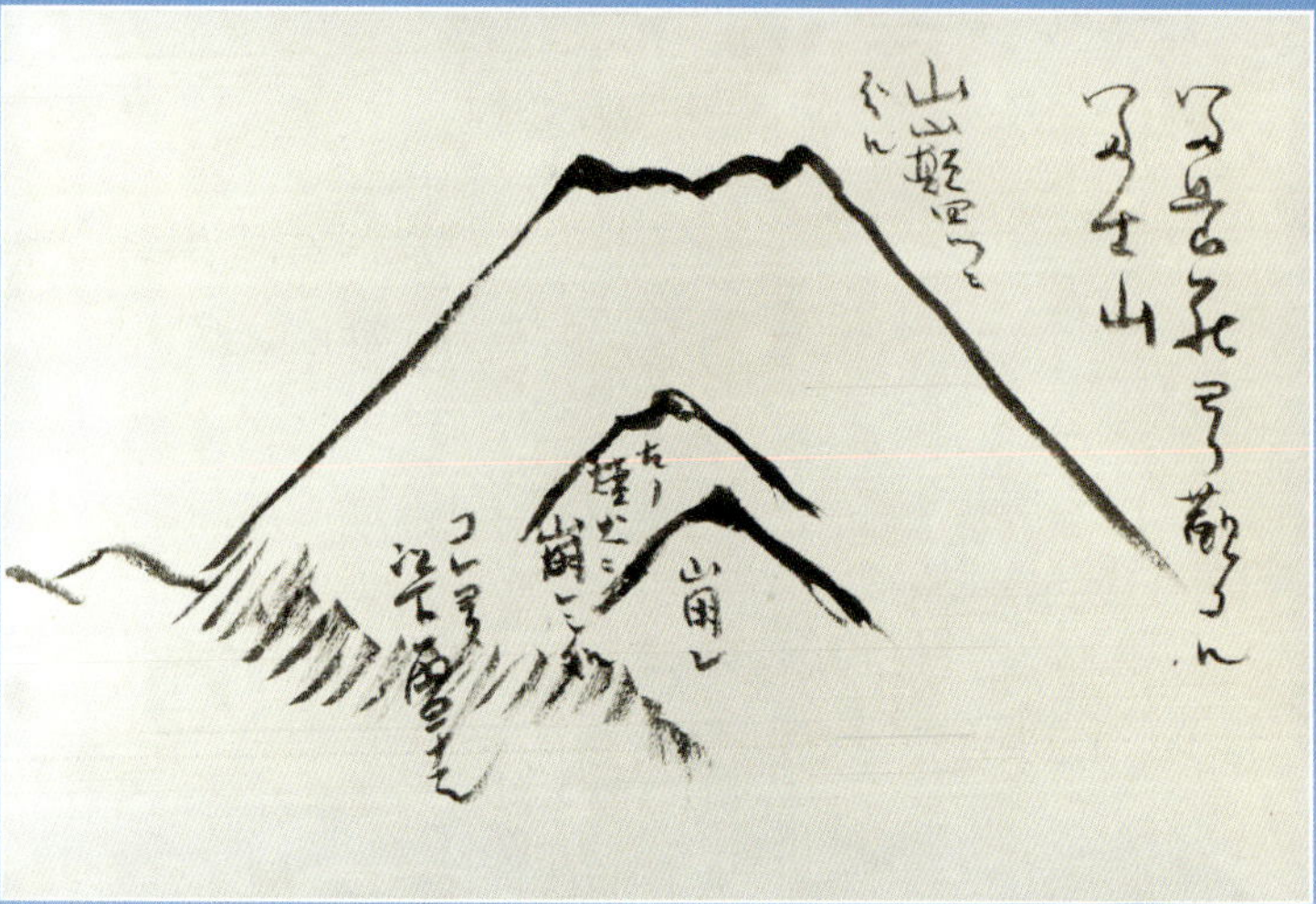

畑毛温泉・富岳荘

昭和十三年（一九三八年）一月、千九郎は、静岡県の畑毛温泉の土地を購入して家屋を建設するよう門人に指示します。

畑毛温泉は、十五年前（大正十二年）に、千九郎が旅館の離れ家を借り切って、病気と闘いながら『道徳科学の論文』の編纂・執筆に専念したところです。

徐々に衰弱していく病躯《びょうく》を、今回もこの温泉で食い止めて、賀陽宮恒徳王殿下のご進講に最善を尽くしたいという思いと、生涯でいちばん苦労した旅館の離れ家を買い求め、後世の門人のために遺しておきたいと考えたのです。

「十五日間に二十四、五坪の家を建てるよう」そして「柱一本板一枚庭木一本植えるに石一つ泉水にいたるまで教育の参考になるように」（井出大著『随行記録・晩年の廣池千九郎博士』）という千九郎の指示に、門人たちは至誠をもって応えます。「いつも横臥《おうが》中の博士に、あの日本一の富士山をそのままお床の中からご覧になれたら、定めしお慶びとお慰みにもなるかと存じて」（同掲書）と設計され、建設は急速に進められました。

二月十七日、伊勢参拝に向かう途中に立ち寄った千九郎は、見事に完成した家に喜びます。

廊下から富士山を眺めた千九郎は、傍らの八角形の土瓶《どびん》敷きを手に取ると、そこに〝富士見荘〟と筆を走らせました。しかし「富士は見るものではない、心で観《み》て、あの富士のような人格をと思い反省するものじゃ」（同掲書）と思い直し、裏返して〝富岳荘《ふがくそう》〟と書き改めました。そして左右に〝友自遠方来　皆自得道還〟（友、遠方より来たる　皆自《おの》ずから道を得て還《かえ》る）と書き記して表札にしました。

この富岳荘に、千九郎は五回訪れ、通算二十一日間滞在しています。最後の滞在となったのは、同年の四月四日からの五日間でした。

四月九日、翌日のご進講のために東京へ出発。函南《かんなみ》駅へ向かう車中で千九郎は「幾多の苦難も富士の姿にて、昔よりみずからを励ましたよ」と、富士に向かって静かに拝しました。

※千九郎の死後、離れ家は富岳荘の敷地に移転され、現在も記念館として保存されている。

畑毛温泉（静岡県田方郡函南町）から眺めた富士山。富岳荘で千九郎は、珍しく富士山の絵を描いた（右上）

日政戦

廣池博士

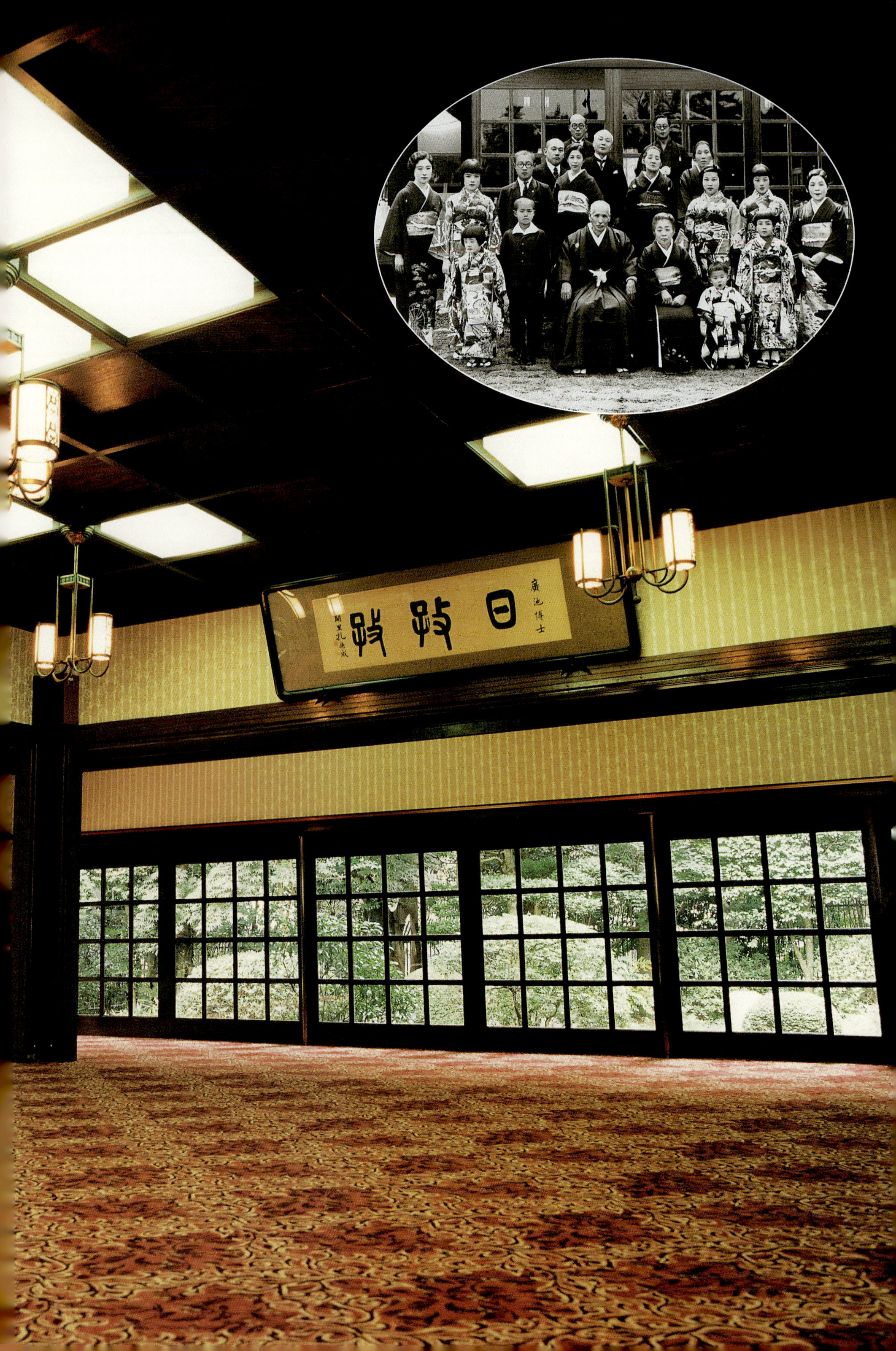

金婚式

昭和十三年（一九三八年）は、千九郎夫妻の金婚の年に当たります。千九郎と春子が結婚したのは、明治二十二年（一八八九年）、千九郎二十三歳、春子十八歳のときです。二人にとって、まさに千辛万苦《せんしんばんく》の道程を共に乗り越えてきた五十年でした。

　四月二日、千葉の道徳科学専攻塾において金婚式が行われます。その日の千九郎の容体はあまり芳《かんば》しくなく、行事さえ危ぶまれるほどでした。

　麗澤館で、千九郎は随員たちに助けられながら、やっとの思いで紋付き袴《はかま》に身を包みます。玄関に行くのにも、書生に支えられて歩行するという状態です。

　しかし、千九郎は下駄《げた》を履《は》くなり「だれもついて来なくてよろしい」と言ってステッキを手にします。「最高道徳の実行にて神様より福禄寿《ふくろくじゅ》を戴《いただ》いたその姿をしっかり門人に観てもらいたい。ただ歩くことも人心救済じゃ。大丈夫だ。しっかり皆様の幸せを念じて歩く。神様のご守護があるはずだ」（井出大著『随行記録・晩年の廣池千九郎博士』）と、千九郎は力強く歩み始めました。

　大講堂の壇上で記念講演をする千九郎の凛《りん》としたその姿に、千余人の参列者たちは、強い感銘を受けるのでした。

　講演の後、貴賓館の大広間において、来賓と地方の門人を招いての祝宴が催されました。

　教育者、学者、救済者として、常に人々の幸福を探求し、生涯のすべてを捧げてきた千九郎。その千九郎を、苦労を厭《いと》わず陰で支え続けた春子。千九郎は、「モラロジーの第一の功労者は、わしの家内なんだよ」と側近に語っています。金婚式を迎えた二人の胸中には、さまざまな思いが去来していたことでしょう。

　千九郎は、金婚の記念品として、全国の会員の幸福を願い、みずからの詩を記した短冊を二万枚作成し頒布《はんぷ》しました。

　七十三歳六十九
齢《よわい》達金婚猶矍鑠《なおかくしゃく》
最高道徳実行効
神明下賜《かし》福禄寿
会員諸君　願《ねがわ》くは最高道徳を
行い安心幸福を得られんことを
　モラロジーの父識

千九郎が金婚式の祝宴を催した貴賓館の大広間。右上は、貴賓館中庭での親族による記念写真

とこしへに我たましひは
茲に生きて此教守る人
々の生れ更るを祈り
申さむ
モラロヂーの父
徳潤身

永遠の祈り

　昭和十三年（一九三八年）四月十五日、千九郎は、賀陽宮恒憲王殿下へ最後のご進講を行います。千九郎の容体は悪く、賀陽宮邸への出発が危ぶまれるほどでしたが、無事に最高道徳の総論を講じたのでした。

　千九郎は激しく疲労し、翌十六日は、千葉の専攻塾に行く予定をやめて、東京の本宅から直接谷川温泉へと向かいました。

　歩行もままならぬ状態で谷川に到着。側近と書生に抱きかかえられ、麗澤館の浴槽に身を沈めます。しばらくして、千九郎は湯船の中から、書き物の準備を命じたのでした。

　その夜遅く、床から起きた千九郎は、口をすすぎ身を清めると、羽織《はおり》を着て、墨と紙が用意された神棚の前へと進みました。

　しかし千九郎は、差し出された筆を受け取らず、神棚に手を合わせて祈りを捧げました。千九郎の身体は徐々に横に傾き倒れていきます。それを書生が後ろからしっかりと支えます。

「わしはやがて字も書けなくなるだろう、目も見えなくなるだろう。もう一度全国の門人に会い、励ましたかったが、もうできぬ。ひと言書いて……」（井出大著『随行記録・晩年の廣池千九郎博士』）

と、千九郎は筆を手にしました。

　とこしべに　我《わが》たましひは
　茲《ここ》に生きて　御教《みおしえ》守る人々の
　生れ更《かわ》るを祈り申さむ
　　　　モラロジーの父

　墨の乾かぬ紙面に、千九郎は再び手を合わせて祈ります。

「心の入れ物である身は、やがて亡くなってゆくが……御教とは最高道徳じゃ。守るとは実行じゃ。また、生まれ更るを祈るとは、幸せになって下されと祈っているということ。モラロジーの父とは、諸君たち門下生の親という意味じゃ……」（同掲書）

　麗澤館には、千九郎の声が静かに響きました。

　五月に入ると、千九郎の容体は一段と悪化します。近くの大穴温泉に移りますが、月末には食物も受けつけなくなります。

　六月四日の朝、千九郎は、万人の幸福を永遠《とわ》に祈りながら、誠一筋に生きた七十二年の生涯を閉じました。

千九郎が臨終を迎えた大穴温泉の寓居。現在は、モラロジー研究所大穴記念館となっている（群馬県利根郡みなかみ町）。右上は千九郎が認めた辞世の句

誠への軌跡―廣池千九郎の足跡を訪ねて

平成19年6月4日　初版発行

編　者　財団法人 モラロジー研究所出版部
発　行　財団法人 モラロジー研究所
〒277-8654 千葉県柏市光ヶ丘2-1-1
TEL.04-7173-3155（出版部）
http://book.moralogy.jp
発　売　学校法人 廣池学園事業部
〒277-8686 千葉県柏市光ヶ丘2-1-1
TEL.04-7173-3158
印　刷　横山印刷株式会社

ISBN978-4-89639-140-4